EDMOND GOTTINET

LES INTERMÈDES

Jeunesse lointaine

Croquis à l'eau-forte. — Billets et Sonnets

Odes et Poëmes

PARIS

LIBRAIRIE DES BIBLIOPHILES

Rue Saint-Honoré, 338

M DCCC LXXIII

LES INTERMÈDES

LES
INTERMÈDES

PAR

EDMOND COTTINET

PARIS

LIBRAIRIE DES BIBLIOPHILES

Rue Saint-Honoré, 338

—

M DCCC LXXIII

A

JULES BARBIER

COMME AU COMPLICE DE MES PREMIERS VERS

ET A L'AMI

DE MA JEUNESSE LOINTAINE

⁎

E. C.

AVANT-PROPOS

’EST *peu de chose que ce livre et que sa publication. Rien ne va moins ressembler à une torche allumée tombant sur le toit d'un temple. On aurait pu le lancer sans crier gare.*

L'auteur sent pourtant le devoir de s'en excuser auprès de ceux qui l'ont vu rouler çà et là le rocher dramatique avec le même succès que le musculeux Sisyphe, sans soupçonner qu'il joignît la poésie à son autre infirmité.

On ne peut pas toujours batailler avec le public ou les directeurs des théâtres. On ne peut pas non plus toujours faire son droit, ni se marier, ni monter sa garde, ni suivre ou conduire, hélas! des convois, ni recevoir une, deux, trois, quatre révolutions sur la tête, ni bâiller dans le monde, ni voyager, ni voter, ni bâtir, ni perdre son argent, ses illusions, ses amis ou ses cheveux.

Les cent actes divers de la vie ont des intermèdes. Pour l'auteur de ce recueil la poésie les a remplis quelquefois. C'est l'explication de son titre.

La grande indulgence du lecteur sera bien profitable à la première partie du volume. Il y a là, et même ailleurs, quantité de vers qui lui paraîtront jeunes plutôt que modernes. La vétusté de leur date les lui fera sans doute excuser.

Enfin, s'il a le goût difficile, il voudra bien se contenter de ce qu'on lui assure ici : la conscience dans le choix du papier, la grâce dans les fleurons de Claudius Popelin, le style dans le caractère typographique.

JEUNESSE LOINTAINE

(1844-1849)

ENTRE ÉTUDIANTS

Ma foi! je reste assis. M'écoute qui m'écoute!
Depuis vingt ans en çà je me suis bien porté.
Et si quelqu'un, là-bas, prétend que j'ai la goutte,
C'est un sot, qui vivra sans avoir mérité
D'être un jour honoré de cette infirmité.

Reste assis, mon ami! c'est toute la sagesse.
Assez d'autres, sans toi, sont à se lever prêts,
Qui, depuis leur bottier jusques à leur maîtresse,
Pour trinquer à chacun dérangeant ton ivresse,
Ne te laisseront pas endormir les jarrets.

Si de boire à quelqu'un tu veux prendre la peine,
Que ce soit tout au plus à la vigne prochaine.
Assis, près de ta main ton verre restera,
Pour t'éclaircir la voix ou t'échauffer la veine,
Ou pour te soutenir quand on t'applaudira.

Du reste, pour saisir à point un auditoire
L'heure est bonne : c'est celle où l'on commence à boire.
Horace avant cette heure eût perdu son latin,
Quand chacun, sans souci de s'user la mâchoire,
Suait à nettoyer les plats jusqu'au gratin.

Alerte donc, messieurs les chanteurs! en cadence!
Ça, dites-nous un air qu'on n'ait point entendu!
Ce qui pourra rester du dessert vous est dû.
On vous donne, ce soir, débonnaire audience;
Alerte! le corps droit et le jarret tendu!

Piano, pourtant! chacun n'aime pas la musique.
Plus d'un aimerait mieux, même fût-il mauvais,
Un cigare, un beau vers, même fût-il classique,
Un whist, même celui d'une tante phthisique;
Moi, je préférerais un canard aux navets.

Pour beaucoup la musique est affaire de mode.
Beaucoup de la romance en ont toujours assez

Quand, sans quitter sa pipe, on la dit sur le mode
Latin, à pleine gorge, et qu'elle s'accommode
Du bruit des tabourets et des carreaux cassés.

La romance, messieurs!... mais j'aime bien mieux boire!
Et je suis là-dessus de l'avis de Grégoire.
Dans le sang d'un mortel versa-t-elle jamais
Ce repos enchanteur, ce mépris de la gloire?
Je compte autant d'amis que le roi de sujets!!..

J'en suis juste à ce point où l'ennemi lui-même
Se change en compagnon pour trinquer avec nous,
Où l'on a pour le monde une tendresse extrême,
Où, tandis qu'en ma poche il prend mes derniers sous,
J'embrasse mon voisin, en lui disant : je t'aime!

Par Bacchus! n'ayez donc qu'une tête à vous tous!
Qu'elle puisse tenir dans cette étreinte folle!
Car je vous aime tous, frères, terreur des rois,
Qui ramez sur les bancs de l'une ou l'autre École;
Et, quoi que vous fassiez, vous méritez la croix.

Disciples de Paré, disciples de Barthole,
Soit que du grand Pagès vous suiviez le convoi,
Soit que, par les ruisseaux, de Néron-Ducaurroy
Vous traîniez à grands cris la face apoplectique,
Je dis que vous avez plus d'esprit qu'on ne croit!

Et vous êtes charmants, aux tables de clinique,
Quand autour d'un sujet vous tenez le couteau,
Pour qu'après vos cinq ans, fiers d'un talent nouveau,
Vous puissiez, présidant la table maternelle,
D'un chapon congrûment couper la cuisse ou l'aile !

Vous êtes beaux ! je veux qu'on vous parle à genoux !
Surtout quand vous allez, jeunesse hurluberlue,
Sauver la Liberté qui périrait sans vous.....
Sans compter la police en plus d'un coin férue,
Et le *Chant du Départ* épouvantant la rue,

Et le marchand qui songe, en cette liberté,
A ses vitres, sa femme, et leur fragilité.

(1844.)

CHEZ FOUSSIER

FOUSSIER.

Pleut—il toujours?

BARBIER, *à la fenêtre.*

Il pleut toujours.

FOUSSIER.

Ferme les rideaux, je te prie!
Que la lumière, de huit jours,
Ne soit de notre confrérie.
Allumons une lampe ou deux...
Le soleil n'est-il pas honteux!...

GOT.

De la bière fraîche! une cruche!

FOUSSIER, *à Cottinet.*

Hé, là-bas! toi qui t'assoupis,
Le corps en travers du tapis,
Dans le feu mets donc une bûche!

COTTINET, *bâillant.*

Aux champs, personne n'est dehors ;
Le bétail enfermé s'ennuie.
Il pleut tant que les pauvres morts
Flottent dans leur fosse envahie.
Seul, un lièvre s'en va chercher
Un bout de chaume où se sécher.

MEMBRÉE.

... On sait que pour écrire en prose
Il faut souvent bien plus d'esprit...

GOT.

Tu ferais mieux, mon cher petit,
De nous chantonner quelque chose.

BARBIER, *rêvant tout haut.*

Dans la forêt de Saint-Germain,
Vienne la première gelée,

Un cerf passera le chemin.
On verra dans la grande allée
Toute pleine d'un blanc brouillard
Un cerf s'enfoncer au hasard.

MEMBRÉE.

Messieurs, j'ai cela dans la tête :
Nos fils verront le temps changer.

COTTINET.

Si l'on pouvait toujours manger!...

FOUSSIER.

Pleut-il?

BARBIER, *à la fenêtre.*

Il pleut.

CHŒUR.

Ah! qu'on s'embête!

EN PRISON

J'avais pensé me révolter
Contre l'arrêt qui me condamne,
Et d'un vers sanglant molester
Mon sergent-major, que Dieu damne !

Mais les peintres dont le pinceau
Habilla si bien ma cellule
Ont dissipé de mon cerveau
La mauvaise humeur ridicule.

Trop de gens aux murs ont conté,
En vers faux, leur fureur secrète,
Et l'exemple m'a dégoûté
De suivre leur veine indiscrète.

Ici, du moins, le grand Musset
A ses verroux fit bonne mine;
La Muse qui le visitait
N'y laissa qu'une odeur divine.

Et toute ma rancune meurt,
Je ne maudis plus la consigne,
Et chante d'une douce humeur
Le sergent-major et la vigne!

DETTE DE JEU

Ami Jules Barbier, sais-tu pourquoi la hache
N'est plus qu'un fer piteux aux mains des magistrats,
Qui, las de s'émousser au col des scélérats,
Tranche des avocats la mouche et la moustache ?

Pourquoi mon feutre est noir ? noir ton costume entier ?
Costume qui n'est beau qu'au dos d'un héritier,
Costume que portait, quand il vint vers sa dame,
Le page, ô Marlborough ! qui reçut ta grande âme ?

C'est que le laid est roi dans la société,
C'est que la bourgeoisie est trop vieille et trop lasse,
C'est qu'en pliant nos fronts dessous sa porte basse
Elle veut nous donner sa triste égalité.

C'est que... — Mon cher ami, que le diable t'emporte !
Eh ! ne rougis-tu pas, me sachant paresseux,
Moi qui de tout l'hiver n'ouvre aux Muses ma porte,
De me pousser, en mars, à des coups hasardeux ?

Tu veux, avant les fleurs, que je trouve une rime !
Tu m'as gagné cela ! belle raison !... Mon cher,
Je fais faillite ; et puis il est tard, je m'escrime,
Et je ne trouve rien de parfaitement clair.

Quand je t'aurai prouvé que le bourgeois est bête,
Que nous sommes venus en un siècle empaillé
Où l'on passe pour fou quand on dresse la tête,
Ce sont vingt-quatre vers bâclés. — Es-tu payé ?

Non ? — Je poursuis alors mon speech. — Le ridicule
Frappe dans ces temps-ci les gens religieux.
On trouve encor plaisant un homme qui calcule,
Au lieu de vilains sous, des mots harmonieux.

Mais le plus fin régal, mais le plaisir suprême,
C'est un cœur bien épris de quelque objet charmant,
Qui se garde et se tient pour la femme qu'il aime,
Comme fait une mère auprès de son enfant ;
L'homme qui donnera... tout ! sa vie elle-même,

Pour un regard, pour rien, et qui mourra content!
On en rit fort. — Aussi, mon cher, j'ai bien envie,
Afin de lui tirer tous les jours mon bonnet,
Qu'un Rabelais en plâtre orne mon cabinet.
Même, je te dirais le secret de ma vie...
Mais ce ne sont pas là choses que l'on confie
Parmi quarante vers perdus au lansquenet.

BALLADE DES COUSINES

Nous avons quatre cousines,
    Sœurs divines,
(Les Grâces n'étaient que trois)
Et mon frère et moi, leurs hommes,
    Fiers nous sommes
Plus que ducs, comtes ou rois.

L'aînée est une rêveuse,
    Paresseuse,
Dans les champs dès le matin ;
On trouverait, à la suivre,
    Quelque livre
Sous chaque arbre du jardin.

Son âme est une âme étrange ;
Son bon ange
Jamais ne l'empêchera
De s'en aller par la brune
A la lune
Demander qui l'aimera.

Or Phœbé qui, tant gentille,
Resta fille,
Lui fait voir le plus souvent,
Au lieu d'un jeune bravache
A moustache,
La grille d'un noir couvent.

La seconde fuit la danse ;
Le silence
Lui parle avec une voix,
Lorsque de sa main distraite
Elle émiette
Son pain aux oiseaux des bois.

L'autre, sur l'escarpolette
Qui la jette
D'un arbre à l'arbre pareil,
Est un lutin qui s'exerce
Et se berce
Dans un rayon de soleil.

Quand c'est moi qui la balance,
Je la lance
Aux rameaux les plus touffus,
D'où sa tête sort ornée,
Couronnée
De cent feuillages confus.

Marie est la plus petite;
Elle évite
Ses grandes sœurs et leurs jeux,
Aux bois ne s'en va pas vivre,
Et tout livre
Est pour elle un ennuyeux.

C'est une chèvre qu'elle aime;
Et, moi-même,
Si je veux plaire, je dois
Mettre à ses cornes sacrées
Et dorées
Un bouquet de fleurs de choix.

Souvent la bête est plus forte
Et l'emporte,
Sans s'arrêter à ses cris,
Dans une course insensée,
Renversée,
Le long des chemins fleuris.

Mais la paix est vite faite;
La fillette
Laisse sa peine à l'oubli;
Et, de nouveau, sur sa chèvre
De sa lèvre
Tombe le doux nom : Djali!

Nous avons quatre cousines,
Sœurs divines,
(Les Grâces n'étaient que trois)
Et mon frère et moi, leurs hommes,
Fiers nous sommes
Plus que ducs, comtes ou rois.

(1845.)

GRANDE COLÈRE

Poëtes expirés, torches sans plus de flamme,
Pour en parler si mal ne parlez plus de l'âme.
Vous n'y savez plus lire, et vous n'y versez plus,
Outre l'écho banal du concert des élus,
Concert où l'un de vous dit que Dieu le convie,
Le trésor palpitant des promesses de vie.
Vous ne connaissez plus le grand chemin des cœurs.
Plus de grands coups portés, plus de ces cris vainqueurs
Où, jadis, fier encore en ses dernières armes,
Corneille au grand Condé faisait verser des larmes.
Vous êtes vieux aussi, bien que sans cheveux blancs;
Mais votre souffle est froid et vos discours sont lents.
Sous vos muscles maigris la veine lâche et molle
Ne roule plus le feu de la lave espagnole,
Et rien n'est demeuré, dans votre cœur ingrat,
Du sang pur que pour vous le maître s'infiltra.

Quoi! vos pères jadis eurent ce fier courage
De couler en airain leur pensée, à l'image

De l'homme, fait lui-même à l'image de Dieu ;
Si bien que, couronnée et debout en tout lieu,
Maîtresse et de son temps et des races nouvelles,
Elle montra du beau les routes immortelles !
Eh quoi ! leur vie, ouvrage à leurs meilleurs égal,
Fut de même honneur faite et de même métal !
Et vous, grands harangueurs de la vertu publique,
Vous, prophètes, porteurs de la harpe biblique,
Vous qui sur leur sommeil, en cet âge de fer,
Gourmandez les carreaux du ciel et de l'enfer,
Ou, conviant le monde à de sublimes fêtes,
Ouvrez dans l'amour pur un refuge aux tempêtes,
Dites, poëtes saints, quels hommes êtes-vous ?

Tartufe, en vous voyant loucher, serait jaloux !
Certes, vous nous tenez un assez fier langage,
Et, pour que vos leçons corrigent mieux notre âge,
D'exemples excellents vous les entremêlez !
Vous n'oubliez personne en vos dons : vous parlez
Aux mères de devoirs, de beaux lys blancs aux filles ;
La Muse et sa guitare au foyer des familles
Vont réveillant l'amour, la foi, l'espoir en Dieu ;
Il est vrai ; mais, parfois, fouillant un mauvais lieu,
La police réveille, au milieu des huées,
Melpomène ronflant chez les prostituées.

PORTRAIT

(Sonnet à J. B.)

Viens la voir, faible encore et du voyage lasse,
Tandis que de pâleur se voile sa beauté.
Ami, tu ne pourrais la voir en sûreté,
Si quatre jours avaient refait toute sa grâce.

Car elle est belle, ami, celle qui m'a dompté,
Grande et légère ! — Et moi, que nul chasseur ne passe
Quand nous pressons le lièvre ou le chevreuil fugace,
A la suivre mon pied toujours s'est rebuté.

Viens, tu verras ses yeux pleins de lueurs étranges,
Ses cheveux, dont Corrége aurait paré ses anges,
Et le collier qui tremble à son col amoureux ;

Et tu retourneras, pensif, en ta demeure ;
Et, la nuit, quand souvent ton âme veille et pleure,
Tu seras visité par des songes heureux.

(1845.)

CAUSERIE

Moi, me railler de vous, fille des champs! moi, rire!
        Quand, levant sur moi vos grands yeux,
Vous viendrez, sérieuse et pâle, pour me dire
Un de ces noirs récits qui font mon cœur joyeux!

Railler, quand, au milieu d'un cercle d'ennuyeux,
L'Esprit qui sur vos monts aiguillonne les chèvres,
        Qui tourmente ici les humains,
Fera tomber, avec l'éventail de vos mains,
        Quelque boutade de vos lèvres!

« Il faut se défier! pensez-vous : on sait bien
        Les méchants garçons que nous sommes,
Et ce que la candeur villageoise devient
        Dans les propos des jeunes hommes! »

Donc, c'est fini, l'on se taira,
Et, comme l'alouette au-devant des faucilles,
Devant nous il s'envolera
L'essaim troublé des jeunes filles!

Pourtant, dois-je ignorer toujours
Les précieux secrets d'une folle cervelle?
Et, pour être aux sorciers plus qu'il ne faut rebelle,
Me taira-t-on la fleur qui fait rêver d'amours
Et montre en la suite des jours,
Pourvu qu'on l'ait cueillie à la lune nouvelle,
Aux filles leur époux, aux jeunes gens leur belle?

Sans doute, j'en rirais! — Vous ne me direz plus
Toutes vos grandes aventures :
La haie où les oiseaux ne trouvent que des glus,
Le voyageur perdu dans vos routes obscures
Qu'avis riches en impostures,
Que rires poursuivant ses pas irrésolus...

Vous ne me direz plus le vœu qu'on forme vite
Pendant qu'un astre tombe au vaste sein des bois :
J'en rirais! — et la marguerite
Où votre cœur trouvait d'indubitables lois,
Effeuillée à demi, tomberait de vos doigts!

Non, je ne rirai pas dè tes simples oracles,
Marguerite qu'en sa bonté,
Avec autant de soin qu'il fit d'autres miracles,
Dieu composa de grâce et de virginité.

Non, je ne rirai pas, car tout parle au poëte.
Libre des vulgaires mépris,
Son oreille comprend et sa bouche répète
Les plus vagues soupirs et les plus humbles cris.

Pour lui rien n'est petit, tout est philosophie;
A tout il se laisse toucher;
Tout l'aime, tout à lui se donne et se confie :
Les biches de leurs faons le laissent approcher.

Non, je ne rirai pas! car sous l'immense ombrage
Du cèdre sur l'homme incliné,
Le pic chante, le myrte à l'abeille sauvage
Ouvre son cœur amer, aussitôt butiné,

Et l'arbre souverain dont la tête se penche
Sur le roi du monde qui dort,
Ne rit pas du pivert qui chante sur sa branche,
Ni du myrte argentin, ni de l'abeille d'or.

(1846.)

« *COMMENT M'AIMEZ-VOUS?* »

Quel mot est sorti de ta bouche?
Qu'as-tu fait? qu'as-tu demandé,
Imprudente dont le doigt touche
La plaie où je n'ai pas sondé?
Comment je t'aime? quelles routes
Vers toi m'ont conduit parmi toutes?
Tu veux l'apprendre? tu m'écoutes,
Comme si l'amour se savait!
Comme si la mer sur la grève
Savait quelle main la soulève,
L'hirondelle quel vent l'enlève,
Le chêne quel gland le couvait!

Quand tu fondrais l'extase pure
Avec les instincts familiers,

Du saint que la foi transfigure
Jusqu'au chien qui garde tes pieds ;
Quand tu connaîtrais dans ses causes
L'attrait mystérieux des choses,
L'amour de la nuit et des roses,
De l'ange et de l'enfant qui dort ;
Science vide et décevante !
Peut-être serais-tu savante ;
Mais comment j'aime, toi vivante,
Tu ne le saurais pas encor.

Laisse donc des questions vaines !
Laisse-moi voir en liberté
S'écouler comme des semaines
Les ans où j'aime ta beauté,
Je l'aime, et c'est ma seule étude.
Je veux que nulle inquiétude
N'importune la solitude
Où j'en savoure la douceur.
Lorsque ton regard me caresse,
Je veux ignorer ta tendresse,
O toi qui n'es pas la maîtresse,
Et qui n'es déjà plus la sœur !

Que m'importe, si ton cœur s'ouvre,
Et si mon regard enchanté,

Forçant sa pudeur, y découvre
Toute sa naïve bonté;
Si ton âme encore ingénue
Est devant mes yeux toute nue,
Que m'importe si sous la nue
Il est deux yeux déifiés
Qui luiront comme deux étoiles,
Un jour que de moins chastes voiles,
Voiles de lin, fragiles toiles,
Tomberont défaits à tes pieds!

Va, donne à celui-là l'ivresse!
Et qu'il se console des cieux
Avec un reflet de ta tresse,
Avec un éclair de tes yeux.
Donne-lui ton corps, prends son âme;
Fais-le sublime ou bien infâme
Avec ton caprice de femme,
Avec l'incertain de tes vœux;
Fuis-moi dans un oubli suprême;
Perds de moi jusqu'à mon nom même;
Toi, pourvu que toujours je t'aime,
Ne me connais plus, si tu veux!

Oui, fais d'un autre homme ta vie.
Si ce n'est à lui, donne un jour

A Dieu, qui déjà t'y convie,
Un cœur mûr pour un grand amour ;
Pourvu que du mien je te fasse
Une impénétrable cuirasse,
Un chant que jamais chant n'efface,
Que seule tu n'entendras pas,
Pour ton sommeil une lumière,
Et, dans ce monde de poussière,
Contre l'épine et sur la pierre,
Un manteau d'or devant tes pas !

                                        (1846.)

ADIEU

Tant que près de mes yeux, belle, je t'ai sentie,
J'ai pu sourire encore et ne pas murmurer;
Mais tu pars, et ma force est avec toi partie ;
    Laisse-moi te pleurer !

Laisse-moi te pleurer, puisque le sort emporte
Mon souffle sur ta lèvre et mon cœur dans ta main.
Tu n'en trouveras pas ailleurs de telle sorte
    Pour les perdre en chemin !

Je ne serai plus rien qu'une ombre vacillante,
Qu'une cendre où le feu ne se peut rallumer,
Moi dont l'esprit est pauvre et dont l'âme indolente
    N'est bonne qu'à t'aimer !

(1847.)

PLAINTE

.

Saison d'été, pourquoi, rebelle à mon désir,
Ne donnes-tu qu'à moi ta flamme et ta lumière?
Je suis seul, et ne puis y prendre de plaisir,
Et tu n'as plus ici ta grâce coutumière.

L'enfant est loin! — j'ai cru que dessus ses beaux yeux
Le soleil verserait sa meilleure caresse,
Et que les prés connus fleuriraient de leur mieux
Pour fêter le retour de leur jeune maîtresse.

Pourtant, là-bas, il pleut. Sous un ciel attristé
Le lac jette à ses bords l'écume injurieuse...
Qu'il prenne garde à lui ce lac qu'on a chanté!
On pourrait oublier sa gloire ambitieuse.

Avertis-le, Saison ! et permets qu'au jardin
Les abeilles en paix reconnaissent ma belle.
Au plus haut pré du mont les abeilles soudain
Fuiront, pour dire aux fleurs la joyeuse nouvelle.

Une fleur au nuage aussitôt parlera,
Au nuage où le cygne a caché sa couvée...
— Le nuage a passé derrière le Jura,
Le cygne a dit au lac : Ta reine est arrivée !

DÉCOURAGEMENT

Toi dont les yeux m'ont fait poëte,
Sur tes genoux je viens poser
L'humble couronne que ma tête
Sent aujourd'hui lui trop peser.

Si les fleurs dont elle fut faite
Gardent un peu la bonne odeur
Des jours de jeunesse et de fête,
Ton nom seul en aura l'honneur.

C'est que je t'avais là présente !
Si quelquefois j'ai bien chanté,
C'est que devant moi, souriante,
Venait s'accouder ta beauté.

Mais, maintenant, que de veillées
Depuis nos derniers entretiens!
Que de monts et que de vallées
Entre mes regards et les tiens!

Dans mon cœur quelle lassitude !
Quel dégoût de ce qui n'est pas
Mon incurable inquiétude :
La belle enfant qui vit là-bas!

Ah! j'ignore la poésie
Qu'on récolte en un tel chagrin,
Et l'art qui fait sa fantaisie
Des larmes dont le cœur est plein !

Tout se tait ici : la voix même
De l'ami qui sut mon secret.
Il pleure aussi celle qu'il aime
Dans un silencieux regret.

Pardonne donc à tes poëtes,
Sonores naguère et vaillants,
S'ils laissent les lyres muettes
Accuser leurs doigts nonchalants.

Lætice et toi, pauvre hirondelle,
Vous n'entendrez plus leurs chansons,
Tant qu'ils n'entendront pas votre aile
Frôler le toit de leurs maisons.

Mais qu'un jour béni vous renvoie,
Que Dieu vous ramène un seul jour,
Et leurs cœurs vont se fondre en joie,
Et leurs lyres en chants d'amour!

ÉPREUVE

Enfant, dans tes grands yeux ta convoitise est franche,
Mais aucun souffle d'air ne balance la branche
Où pend le fruit vermeil que tu ne peux saisir.
Que dirais-tu, pourtant, si la ramure verte
Se penchait toute seule, et sur ta lèvre ouverte.
     Posait l'objet de ton désir?

Vieillard, que dirais-tu, si, demain, sur ta couche
T'éveillant, et roulant partout cet œil farouche,
Dans le miroir fêlé qui tremble à ton chevet
Tu voyais tout à coup ton front sans une ride,
Tes cheveux drus, ta joue en fleur, ton œil limpide,
     Et sur ta lèvre un noir duvet?

Tu ne le croirais pas, tu secouerais ton rêve...
Mais non! le flot connu de la première séve

Bien vite convaincrait tes sens ressuscités...
Jeune! tu serais jeune! oh! quelle folle joie!
Oh! de quels bonds fougueux tu courrais sur la voie
        Où vont les chevaux emportés!

Eh bien, moi, j'ai vu mieux que la branche inclinée,
Mieux que le duvet noir sur la lèvre fanée.
Comme une Déité rencontrée en chemin,
J'ai vu devant mes pas se dresser une femme,
Belle et nue, et portant dans ses yeux une flamme
        Et la fleur d'amour dans sa main.

Son haleine enivrait comme un puissant arome
Venu des îles d'or que le santal embaume.
Mais, quand j'eus reconnu dans ce souffle enchanté
Le suprême et damné parfum de l'adultère,
L'honneur fit rebrousser le sang dans mon artère
        Et dans mon flanc la volupté.

Grondant, je m'éloignai, non sans tourner la tête...
Tel le lion déçu regagne sa retraite,
Après qu'il a tenu la chèvre entre ses dents.
Les pasteurs l'ont fait fuir en frappant sur le cuivre;
Mais son regret est rude, et nul n'oserait suivre
        La route où sont ses yeux ardents.

A EDMOND COTTINET [1]

Bonjour et bon an, notre ami !
Je voulais te dire la chose
Humainement, en vile prose,
Apollon s'étant endormi
Sur mon chevet, certaine année
Que j'ai dit adieu pour toujours
A la marguerite fanée
Qui me parlait de mes amours.
Mais voici qu'une folle rime
Se vient jouer en mon cerveau,
Et pour t'écrire un vers nouveau
Encore une fois je m'escrime.

1. Les vers charmants que l'on va lire ne font-ils pas souhaiter que leur auteur se décide enfin à publier tous ceux qui ont réjoui ses amis en ces temps reculés ?

Après tout, ce n'est pas un crime;
Et, comme un Dieu que j'ai chanté
Retrouvait sa divinité
S'étant bien frotté d'ambroisie,
Je veux d'un flot de poésie
Décrasser mon humanité.

Mais étourdiment je m'engage,
Et je crains, à parler raison,
Que les Dieux avec leur langage
Ne soient ici hors de saison.
Quand j'aurai dit que je t'envoie
Un pot à mettre du tabac,
Et, pour tenir tes yeux en joie,
Deux dessins, dont l'un est ce lac
Au flot pur, l'autre un bois tranquille,
Je n'aurai point passé Virgile,
Pindare, Horace, Anacréon,
Voire même l'abbé Delille,
Et ne serai pas encor bon
A coucher dans le Panthéon.

Pourtant, qu'ai-je autre chose à dire?
Qu'ai-je à chanter dans l'univers?
Plus de printemps ni de bois verts
A qui je veuille encor sourire,

Plus de Néère qui m'inspire!...
Ah! toujours ce nom dans mes vers!
Toujours ce nom dans ma mémoire!
Toujours ce nom des ans vainqueur
Qui redit toute mon histoire!
Et j'aurai passé l'onde noire
Sans qu'il soit sorti de mon cœur!

Déjà, Muse, tu te réveilles!
Déjà sous mes doigts refroidis,
Comme au temps de mes jeunes veilles,
Tressaillent des mots plus hardis!
Du foyer mort qui la recèle
Jaillit une ardente étincelle,
Et je sens l'amour qui ruisselle
Dans ces vers encore engourdis!

Mais cette flamme est éphémère,
En un moment elle périt,
Et mon amoureuse chimère
N'est qu'une chaleur de l'esprit!
Les temps ne sont plus où ma vie
S'emportait en un grand dessein,
Où je ne concevais d'envie
Que d'endormir sur ce beau sein
Ma tendresse enfin assouvie!

Tous les jours plus froid et plus seul,
Je vais, suivant ma destinée,
Enseveli dans chaque année
Comme dans un nouveau linceul.

Pourquoi donc, tous tant que nous sommes,
Fêtons-nous en son nouveau cours
L'an qui recommence les jours?
Que peut-il apporter aux hommes
Sinon la vieillesse et les pleurs?
Chaque jour accroît nos souffrances,
Affamé de nos espérances
Et prodigue de nos douleurs!

Mais suis-je fou, sombre poëte,
Las des biens que Dieu nous départ,
D'attrister mes vers de hasard,
Quand tout l'univers est en fête?
Égayez-vous, ô mes chansons!
Assez de vos refrains moroses!
Jeunes filles, jeunes garçons,
La terre se peuple de roses!
L'hiver passe, si nous passons!
L'amour s'en va, quoi de funeste?
L'amour s'en va, la beauté reste!
Tous les jours de nouveaux désirs

Fatiguons des amours nouvelles !
Le Temps, le vieux Temps a des ailes,
Donnons des ailes aux plaisirs !
Viens ! soyons aimés des plus belles !
Qu'après avoir bien combattu,
Il n'en soit pas qui nous résiste !...

Pourtant, pourtant, mon cœur est triste !
Et le tien, ami, qu'en dis-tu ?

JULES BARBIER.

31 décembre 1847.

A JULES BARBIER

A tous mes deuils il est venu,
Je le prie à mes jours de fête.
Ami, charitable poëte,
Aujourd'hui je l'ai reconnu,

Qui, l'œil chargé, l'âme malade,
Renfonçait du poing son chagrin,
Et, s'assurant un front serein,
Venait me donner l'accolade.

Il savait que, durant ces jours
Où l'usage enivre la foule,
Plusieurs de l'heure qui s'écoule
Remontent tristement le cours,

Et songent à ceux que l'année
Leur emporta de la maison,
Qui pourtant disaient leur chanson,
L'autre an, à pareille journée [1].

Et pour cette heure il s'est hâté,
Pour que, si j'y veux prendre garde,
Je le trouve qui me regarde,
Assis au foyer dévasté.

Ami, qui viens quand le vent couche
La neige et la pluie à mon seuil,
Je ne trouve pas dans ton œil
Le reflet d'un ciel moins farouche.

D'où t'amène ton pied lassé ?
Ce n'est pas des îles heureuses,
Du pays des nuits lumineuses
Où jamais le soleil baissé

Sous l'horizon ne se dérobe ;
Tu n'en rapportes pas encor,
Détaché de son rameau d'or,
L'amour dans un pli de ta robe.

1. L'auteur avait perdu son jeune frère.

Non, tu ne viens pas du midi !
De l'hiver tu fuyais l'atteinte ;
Tu voulais à ma flamme éteinte
Réchauffer ton cœur engourdi ;

Et voici que le mien s'arrête,
Resserré par ce froid cuisant
Qui t'a presque glacé le sang
Dans la poitrine et dans la tête.

Qui donc osait nous la vanter
Cette immobilité polaire ?
A quelles brutes peut-il plaire
De dormir et de végéter ?

Quels talismans, quelles magies
Nous assuraient tant d'être heureux,
Quand rien ne battrait plus au creux
De nos artères assagies ?

Ah ! ne plus s'arrêter pour voir,
Malgré la persienne fermée,
La chère lampe accoutumée,
Avant que de rentrer le soir !

Vivre à tous les vents, sans mystère,
Sans tomber tout seul à genoux !
Si l'on dit un nom devant nous,
Ne plus rougir, ne plus se taire !

Ah ! ne plus porter dans ses yeux
L'amour et l'orgueil et la joie !
N'avoir plus d'ailes qu'on déploie
Dans toute la largeur des cieux !

Guérir son cœur de sa blessure !
Ne plus bercer en souriant
Ce malade contrariant
Qui ne veut pas qu'on le rassure !

Ne plus aimer, ne plus souffrir !...
Qu'est-ce que l'humaine misère,
Si nous avons, fils de la terre,
Porté ce bonheur sans mourir ?

Ainsi ton vers qui me salue
Au premier jour de l'an nouveau
Rouvre dans mon pauvre cerveau
Une veine autrefois connue.

Que le monde, dans son bon sens,
En raille le flux ridicule,
Et nous applique la férule
De ses bons mots les plus pesants ;

Nous, de notre honnête folie
Ne renions jamais la foi.
Qu'ils vivent sous une autre loi
Les hommes que l'amour oublie !

Tandis que dans un froid repos
Leurs âmes seront satisfaites,
Que pas un cheveu de leurs têtes
Ne manquera dans leurs tombeaux,

Nous, laissant au monde les siennes,
Nous ferons nos félicités
De retremper nos cœurs gâtés
Au courant des larmes anciennes.

1er janvier 1848.

PRINTEMPS SOLITAIRE

O Nature immortelle et toujours rajeunie,
Ton Printemps te revient et tu renais encor !
Et tu répands sur tout l'inépuisable vie,
La lumière, l'azur et l'air, la pourpre et l'or !

Mais, tandis que tes bois reprennent leur feuillage,
Tandis que tes oiseaux trouvent des cris joyeux,
Chaque jour nous refait plus de tristesse et d'âge ;
Nos vingt ans ne sont plus et nous devenons vieux.

Où s'en fut mon enfance? où sont ces pauvres têtes,
Frères et sœurs, partis pour des soleils plus beaux ?
Et mon père avant eux qui, dans les grandes fêtes,
Fier et joyeux à voir, nous portait sur son dos?

Jeunesse qui, plus tard, d'une si large haleine
Me soulevais les pas et m'emplissais le sein,
Qui m'ouvrais pour l'amour une si pure veine
Et pour les amitiés une si chaude main ;

Jeunesse, belle nuit où l'on chante et l'on aime,
Où l'on voit clairement le sourire de Dieu,
Voici l'âge et l'ennui poindre avec un jour blême ;
Tes étoiles s'en vont et s'éteignent. — Adieu !

Mai 1848.

RENOUVEAU

Grâce à la saison bienvenue
Qui dissout les rudes hivers,
Cybèle, dormant sous la nue,
Sent passer sur sa gorge nue
La jeune ombre des rameaux verts.

De sueurs sa tête est mouillée,
Elle aspire après le réveil,
Elle va sourire, éveillée :
Le rêve qui l'a travaillée
La fit mère dans son sommeil.

Et son orgueil nouveau méprise
Du passé les outrages vains,
La neige tombant froide et grise,

Et l'âpre verge dont la bise
Déchirait ses membres divins.

Ainsi de nous, ô ma charmante !
La foudre qui tonna sur nous,
Là-bas, à peine se lamente,
Et voici s'enfuir la tourmente
Au fond de l'horizon plus doux.

Bientôt l'été va de ses flammes
Féconder la création
Dans le sein des fleurs et des femmes,
Et l'amour va fondre nos âmes
Dans une immortelle union.

Bientôt des voluptés nouvelles
Empliront nos cœurs étonnés,
Tandis que les anges fidèles
Etendront l'ombre de leurs ailes
Sur nos fronts à terre inclinés.

J'ai vu s'ouvrir la brume intense
Où toutes les fureurs grondaient,
Et, dans l'azur d'un ciel immense,
Le soleil avec l'espérance
Qui du sein des Dieux descendaient.

Ma vie à vos yeux suspendue
Veut qu'ils s'éclairent à leur tour ;
Car la chaleur nous est rendue,
Et toute neige s'est fondue
Au souffle vainqueur de l'Amour.

Mai 1849.

CROQUIS A L'EAU-FORTE

CHANSON DE MARS

Du toit de ma maison neigeuse
Descend un rayon de soleil;
La fenêtre, longtemps frileuse,
Attendra pour prendre l'éveil
Qu'il se glisse plus bas encore,
Et que sa visite restaure
Mes yeux fatigués de sommeil.

Une vierge m'est apparue;
Sa beauté verte n'a qu'un jour;
Mon espérance est suspendue
A ses yeux qui cherchent l'amour;

Et j'attends que vers moi s'abaisse
Ce regard de vague tendresse
Qui flotte et qu'on guette à l'entour.

Viens, rayon! fixe-toi, paupière!
Mais quel noir nuage a passé?
La vierge s'éloigne plus fière,
Le rayon remonte effacé.....
Pourtant, à la première rose,
S'ouvrira la fenêtre close,
Mais non plus le cœur délaissé.

CHANSON DE MAI

Laissons la cendre et les tisons !
Sortons de notre carapace !
A l'envi des colimaçons,
Quand, d'humeur, ils vont à la chasse.
Bonjour, Printemps ! bonsoir, Hiver !
Nous mettons nos cornes à l'air.

Voici les violettes
Éclore sous le bois,
Et s'éveiller la voix
Des fauvettes.

Les muguets seront défleuris,
Les oiseaux vont pondre et se taire ;

Partons ! — On oublie à Paris
Quelle est la couleur de la terre !
Mon pain dans les blés va pousser :
Voyons les blés, sans y penser.

> Voici les violettes
> Éclore sous le bois,
> Et s'éveiller la voix
> Des fauvettes.

Je ne suis point un employé
Pour ici rester à l'attache ;
Je ne me suis point marié ;
J'ai ma pipe et j'ai ma moustache.
Oisif, travaillons à rêver,
Et, sans amours, rêvons d'aimer.

> Voici les violettes
> Éclore sous le bois,
> Et s'éveiller la voix
> Des fauvettes.

Non déjà qu'en mon fier loisir
Il faille qu'autant je m'assure :
Mon cœur sent toujours se rouvrir,
Au printemps, sa vieille blessure.

Peut-être aux champs on trouvera
Une herbe qui me guérira...

Voici les violettes
Éclore sous le bois,
Et s'éveiller la voix
Des fauvettes.

MÉTAMORPHOSE

Comme il n'avait plus d'anse, et que sur son rebord
Le temps avait taillé des brèches redoutables,
Son possesseur voulait le briser tout d'abord.
Mais la mère, arguant de services notables,

Intervint. — Trois enfants avaient grandi sur lui.
Leur avait-il jamais refusé son office?
Si surchargé qu'il fût, avait-il jamais fui?
A quels dieux irrités l'offrir en sacrifice?...

Une mère est toujours touchante, — on le garda.
Une dernière fois on s'en servit, peut-être...
Puis on l'emplit de terre, et puis de réséda,
Et le voilà formant jardin sur la fenêtre.

Chaque jour arrosé, mais par de blanches mains,
Il répand dans les airs de fines odeurs d'ambre,
Lui qui, jadis... — O ciel! pourquoi les vieux humains
Ont-ils un autre sort que les vieux pots de chambre?

LE GEAI

Mardi, je secouais un chêne,
Et le gland pleuvait, par ma foi!
Au bout du champ, du haut d'un frène,
Un gros geai jurait après moi.

Vient à passer Manon-Manette,
Qui joliment sait me prier
Pour que, d'amitié, je lui mette
Des glands frais dans son tablier.

L'oiseau bleu, gonflé de colère,
Criait, si je comprenais bien :
« Entre son porc et sa commère
Jacques ne me laissera rien! »

Manette par-dessus la haie
Passe son tablier tendu.
Je l'emplis, disant : « Qu'on me paie !
Un baiser par gland, c'est mon dû. »

Mais, au premier que j'allais prendre,
L'oiseau s'est envolé sous bois...
Manon s'effarouche à l'entendre
Et m'échappe encore une fois.

LE RÉVEIL AU JARDIN

Qu'à toute heure ma joie emplisse la maison,
Jugez, nous dit Robert, si ce n'est pas raison.

> Du lit du grand-père, où je couche,
> Je vois l'arbre qu'il a planté,
> Et, si j'étends la main, j'y touche.
> C'est là qu'en la saison d'été,
> Chaque soir, un oiseau fidèle
> Chante et rechante ses amours.
> Je mets ma tête sous mon aile,
> Je dors, l'oiseau chante toujours.

> Toute la nuit sa chanson dure,
> Puis s'éteint. — Mais j'entends encor,

Devers l'aube, une note pure,
Quand depuis longtemps l'oiseau dort.
Qui donc gazouille à mon oreille ?
C'est ma blondine qui s'éveille
Et qui demande à son ami
S'il a sur son cœur bien dormi.

Or, dites si je puis être mélancolique,
Musique oyant le soir — et le matin musique ?

LE RÉVEIL AU VILLAGE

« Oh! dit-elle, pourquoi sonne-t-on aujourd'hui
Les cloches si matin?... Parle, dormeur! » — Et lui
Remonte lourdement le drap sur son épaule
Et répond : « Bah! pour rien!... le sonneur est un drôle!...
Dormons vite... »
      Aussitôt, le Sommeil sur leurs yeux
Pose son doigt, et fait de ce glas odieux
Un rêve où se répand la musique des fées,
Où pleure un cor magique aux notes étouffées.

Mais non! réveillez-vous! c'est un autre concert
Qui passe, et qu'il vous faut entendre l'œil ouvert.

Dans la rue, où l'on sent qu'au loin elle s'écoule,
C'est le bruit sourd, égal, d'une muette foule;
Pas d'hommes, pas pressés d'enfants, toujours des pas;
Puis, de lugubres chants qui commencent là-bas,
Qui s'approchent, avec des voix hautes et fortes,
Et pénètrent partout, forçant volets et portes;
Et, quand ils ont passé, chacun respire mieux.

Alors lui, se tournant, tout pâle et sérieux,
Cherche et prend dans ses bras sa compagne troublée,
Et lui dit, la serrant d'une étreinte affolée :
« Oh! toi, qu'enfant déjà je voulais et j'aimais,
Oh! ne va pas mourir! oh! toi, ne meurs jamais! »

LES CHEVAUX DE ROYAN

A la mer! à la mer les chevaux!
Voyez donc ces cavales des eaux,
    Voyez ces belles lames
Qui, sans vous, sous le soleil mouvan
Font la course, et qui fendent le vent
    De leur crinière en flammes?

Au galop! sans selles et sans mors,
Plus légers que les chevaux des mort:
    Qui courent les nuées,
Arrivez! et noyez dans le flot
Le souci de l'éternel grelot,
    Du fouet et des huées!

Le juron de vos charretiers fous
Pour une heure est détaché de vous.
    Une algue de passage
Vient d'Espagne, et vos flancs caressés
Sentiront les sauvages baisers
    Dont elle a le message.

Car, là-bas, sur les bords biscayens,
Au moment que voici, les gardiens
    Des pouliches lascives,
Inquiets, leur demandent pourquoi
Tant nager et tant hennir d'émoi
    Vers d'invisibles rives :

C'est vers vous qu'elles poussent ainsi.
Mais déjà vous aspirez d'ici
    Leur ardeur insensée.
A les joindre ou bien à périr prêts,
Vous entrez, debout sur vos jarrets,
    Dans la mer embrasée !

Ah ! s'il faut qu'un écu dans la main,
Vienne un fat vous priver de ce bain
    Pour promener sa grâce,

Par Castor, coureur du sable amer,
Emportez ce Narcisse à la mer ;
        Qu'au miroir il s'embrasse !

Plongez-l'y ! plongez ses habits blancs !
Secouez avec ses pieds tremblants
        Ses éperons infâmes !
Que sa bouche, ouverte pour crier,
S'emplissant de sel et de gravier,
        Fasse rire les femmes !

Mais gardez sur vos reins moins jaloux
L'enfant nu qui bondit avec vous
        Et du flot vous ramène,
Aussi beau que ces beaux cavaliers
Voltigeant par essaims réguliers
        Dans les frises d'Athène.

(Royan, 1856.)

LES ALGUES

I

(Delesseria)

Ecoute le conseil des plantes de la mer
Qui naissent sur le roc, au fond du gouffre amer.

La marée à ses flux, de caresses avare,
Les berce durement, en nourrice barbare;
Elles croissent sans air, sans chaleur et sans jour;
Près d'elles nul oiseau ne vient chanter l'amour;
Et quand, dans sa colère, un ressac les moissonne,
Leurs débris échoués n'attendrissent personne;
Ils tentent seulement l'avide laboureur,
Qui sur ses froids sillons les jette sans honneur.

Or, sache que ces fleurs, qui semblent en vain belles,
Couronnent de Thétis les tempes immortelles.

Homme, quelle que soit la rigueur de ton sort,
Amère que ta vie, obscure que ta mort,
Ne méprise jamais la beauté de ton âme.
Ne te demande pas si cette fleur de flamme
N'a pas, le plus souvent, des rayons superflus,
Des parfums étouffés sous les plus vils reflux,
Et qui lui vaut enfin ce destin dérisoire
Que pour tant de parure elle ait si peu de gloire...

Par delà cette terre, au plus profond des cieux,
Elle s'épanouit sur la tête des Dieux.

(Lion-sur-Mer, 1862.)

LES ALGUES

II

(Plocamtia)

Qu'une dame saharienne
Prenne au jardin de Ben-Gâna
Une branche qui lui convienne
De jasmin ou de lantana;

Qu'au pays de Gênes, pareilles
A des reines en tablier,
Les servantes sur leurs oreilles
Plantent la fleur du grenadier;

Que la dentellière normande,
Pour séduire un jeune benêt
Que sa mère avare gourmande,
Pique une rose à son bonnet;

Sur les bords hautains de son île,
La fille des rudes Bretons
Nargue la parure facile
Des Fatmas et des Jeannetons.

Pour mettre ses cheveux en fête,
Pour couronner son front coquet,
Elle commande à la tempête
D'aller lui cueillir un bouquet.

Et la tempête obéissante
Lui rapporte dans ses réseaux
Ces fleurs de pourpre éblouissante
Qui s'ouvrent sous la nuit des eaux.

Tout humides elle les mêle
A l'or de ses bandeaux soyeux;
Les goélands, à tire d'aile,
Escortent ses pas orgueilleux;

Et le maître du glauque empire,
Le tyran des pâles marins,
Neptune, pour la voir sourire,
Se dresse sur ses larges reins.

RETOUR

La saison s'est écoulée
Sans accident, Dieu merci !
Nulle hirondelle envolée
Ne pleure en partant d'ici.
La grand'mère doit aux baumes
D'un jardinet plein d'aromes
La douceur de son sommeil,
Et les enfants sur leurs joues,
Malgré les vents et les boues,
Ont amassé du soleil.

On remonte de la plage
Les cabines des baigneurs.

On a rendu le village
A ses naturels seigneurs.
Les épingles oubliées
Dans les armoires fouillées
Enrichissent leurs gilets;
Et, dans les salons, leurs femmes,
Où jasaient les belles dames,
Raccommodent leurs filets.

A la grève désertée
On n'entend plus d'aigres cris;
La mer n'est plus insultée
Par les gamins de Paris.
Lasse encore des caresses
De cent matrones épaisses,
Elle étend son flot heureux
Sur les empreintes menues
Des mouettes revenues
A ses bords aventureux.

Adieu donc, sauvage dune,
Sable sec, pâle gazon !
Adieu, clocher de Langrune,
Gardien de l'autre horizon !
Adieu, vagues en tempête,

Qui vous fermiez sur ma tête
Et que j'écartais, joyeux,
Comme un enfant qui s'éveille
Le rideau blanc que, la veille,
On tira devant ses yeux !

(Lion-sur-Mer, 1862.)

COURRIER DE NICE

A MADAME LA COMTESSE STOCKFISH

. . . .

Nice est un paradis !
Figurez-vous, ma chère,
Qu'ici l'on ne sent guère
La bise de Paris !
J'ai mis à ma fenêtre
Un joli thermomètre
Fait par mon médecin.
C'est un instrument sain,
Toujours invariable,
Qui ne fait pas le diable
Comme ceux de chez vous.
Il faut seulement dire
Le degré qu'on désire.

Je l'ai choisi fort doux;
Car, enfin, croiriez-vous
Qu'on est en mousseline?
J'avais en popeline
Une robe divine,
Et j'étouffais dessous.

Le consul d'Angleterre
Va commencer, j'espère,
Les bals de la saison.
On n'y verra, dit-on,
Pas le plus petit Russe;
Mais le consul de Prusse
Leur ouvre sa maison.
Ce bon consul! — Je pense
Aimer encor la danse
Jusqu'au prochain printemps.
Je sais bien qu'à vrai dire
On n'a jamais trente ans,
Mais on a des enfants!
Il faut que je retire
Mon fils de pension,
Ce polisson se lasse
De doubler chaque classe.
Que la conscription

Bientôt m'en débarrasse!
C'est un garçon grossier;
Il sera cuirassier.

Peut-on n'aimer pas Nice!
Que l'on me montre ailleurs
Les biens supérieurs
Qu'un même lieu fournisse!
Libraires complaisants,
Environs ravissants,
Ravissants, ravissants!...
Croyez-moi, chère bonne,
Il faut venir ici;
On peut n'y voir personne
Quand on n'en a souci;
On est libre, on s'amuse;
Le sucre n'est pas cher;
Le bois l'est, mais on use
Peu de bois en hiver.
C'est au printemps qu'on gèle,
Et, quand mars reviendra,
Je sais bien qui fuira
Vers vous à tire d'aile.

Adieu! — je vais au bain.
Vous direz que l'eau chaude

N'arrange pas le teint,
Mais, depuis ce matin,
Je suis un peu rougeaude.

Adieu !... rappelez-nous
A votre noble époux.

BARONNE DE LA GRUE.

(Nice, décembre 1853.)

AU SILENCE

Plus que l'ombre en été, plus que le bain lui-même,
Et plus que le sommeil, ô Silence! je t'aime.
O bienfaiteur si rare et si vite épuisé!
. Plus rare que jamais dans les temps où nous sommes!
C'est faute de tes dons que le cerveau des hommes
S'arrête avant la mort, comme un cheval usé.

Oh! quand j'aurai quitté la Terre et son orbite,
Affranchi de ce corps qui sur elle gravite,
Puissé-je en ton royaume être le bienvenu!
Dans cet éther muet qui sépare les mondes,
Et dont quelque comète ouvre seule les ondes,
Obus mystérieux d'un combat inconnu!

Ici-bas, cependant, trop de bruit nous assiége.
A la ville, l'hiver, prodigue-nous la neige!
Que son tapis épais s'empresse d'amortir
L'éternel roulement du maraîcher nocturne!
Qu'elle enroue, ô Silence! et rende taciturne
Le soprano voisin dont je suis le martyr!

Mais, aux champs, dans la nuit et dans la solitude,
Qu'un murmure léger scande ta plénitude,
J'y consens; — quand ce n'est que le premier émoi
De la mer qui commence à remonter sa rive,
Ou, si faible qu'à peine à sa lèvre il arrive,
Le souffle de l'enfant qui dort auprès de moi.

(Villers-sur-Mer, 1872.)

ENTRE CHIEN ET LOUP

Cinq heures bientôt! — Hâtons-nous.
Ce n'est pas qu'on songe aux filous,
C'est qu'on soupire après sa chambre,
A Paris, le soir, en décembre,
A l'heure où le brouillard malsain
Bleuit au carrefour voisin.
Les maisons, vieilles et ventrues,
Par l'ombre qui vient sont accrues,
Et dans un ciel gris de pigeon
Dérobent leur vague pignon.
Voici la lampe qui s'allume
Chez le copiste dont la plume
Déjà flottait sur le papier.
L'apprenti va s'estropier

S'il n'éclaire d'une chandelle
La volige à sa main rebelle :
Elle s'enflamme, et sa lueur
Fait un Rembrandt d'un emballeur.
On ne voit plus bien les voitures;
Les vieillards craignent les fractures;
Ils hésitent à traverser,
Et, pour qu'on les aide à passer,
Implorent un bras pitoyable.
Un aveugle va comme un diable,
Tâtant les murs de son bâton,
Et traîné par son chien mouton
Qui connaît l'heure de la soupe.
Sans broncher, il croise la troupe
Des Limousins lourds et pressés,
Qui marchent, au large espacés,
Avec leurs habits blancs de gypse.
Tout clairvoyant, par une ellipse
De leur choc fâcheux se gardant,
Leur cède le pas en grondant.
On se heurte à des gens étranges,
On se prend les pieds à des anges
Qui portent sur leur petit front
Pour auréole un napperon.
Pauvres filles Napolitaines !

Vers leurs auberges incertaines
Elles traînent leur corps lassé
D'avoir aujourd'hui trop posé.
Toutes fillettes sont joyeuses :
Celles-ci, plus que sérieuses,
Crispent leur front endolori
D'avoir aujourd'hui trop souri.
Souri, non pas pour rien, sans cause,
Comme sourirait une rose,
Mais pour quatre francs, prix offert
Chez Bonnat ou chez Jalabert.

Quel est ce cri qui me pourchasse ?
« Hareng tout frais ! hareng qui glace ! »
C'est la marchande de poissons.
Sa voix n'a plus ses heureux sons
Du matin, quand elle se lance.
Et cet autre : « V'là la Valence !
Qui veut la Valence à deux sous !
C'est pour finir ; dépêchons-nous ! »
Chacun, en effet, va plus vite.

Mais quelle influence m'invite
A quitter le pavé des yeux ?

A quel appel mystérieux
Répond mon front qui se redresse?
C'est Vénus dont l'œil nous caresse,
La fleur du ciel, l'étoile d'or,
Qui dans ce fangeux corridor
Lance sa divine traînée.
De cheminée en cheminée,
Masquée ou claire tour à tour,
Elle brille au coucher du jour
Comme un cierge au lit d'un malade.
Mais dans l'azur qu'elle escalade
Elle monte, et conduit enfin
Devant nous son char d'argent fin.

O toi, que tout poëte loue,
Vénus, tire-moi de la boue!
Et fais qu'en rentrant au logis
Je trouve les regards amis
Qui m'enlèvent la lassitude!
Daigne aussi ta sollicitude,
Déesse, assurer le retour
De celui pour qui, tout le jour,
La maison vide se désole!
Qu'il nous rapporte de l'école
Tous ses membres, point rattachés,

Ses deux yeux, point du tout pochés;
Et qu'avant d'embrasser personne,
Dans l'antichambre où son pied sonne,
Il demande, le verbe haut,
Si l'on ne dîne pas bientôt.

(Décembre 1872.)

TRIOLETS

SUR L'ALBUM DE MADJI

Faites des dessins pour Madji,
Elle vous paîra d'un sourire.
Soldat, pèlerin ou hadji,
Faites des dessins pour Madji.
Livingstone dans Oudjidji
Pour Madji dessine et transpire.
Faites des dessins pour Madji,
Elle vous paîra d'un sourire.

Écrivez des vers pour Madji,
Cette demoiselle sait lire.
Fût-ce un refrain de kaïkdji,
Écrivez des vers pour Madji.
Puisque Madji n'a pas rougi
De ces triolets en délire,
Écrivez des vers pour Madji,
Cette demoiselle sait lire.

Post-scriptum.

Pourquoi l'appelle-t-on Madji,
Si son vrai nom est Marguerite?
Naquit-elle dans un bordji?
Pourquoi l'appelle-t-on Madji?
Son père est-il un khawadji
Et sa mère est-elle une afrite?
Pourquoi l'appelle-t-on Madji,
Si son vrai nom est Marguerite?

POUR LA FILLE DU GARDE

Le nuage descend, le ciel menace et gronde,
La route est longue encor vers des horizons froids :
Respirons un moment, loin du bruit et du monde,
Ce doux brin de muguet éclos au bord du bois.

***

DANS LA MONTAGNE

Chemin pierreux ! ombrage rare !
Mais où passent les vents par les pins embaumés.
Ainsi nos jours mauvais parfois sont parfumés
Par l'amour, et parfois aussi par le cigare.

VEUILLOTINE

A grand'peine Jésus vainqueur,
Chrétiens. vous mit Dieu dans le cœur.
De Veuillot la marche est plus sûre :
Il vous le crache à la figure.

BILLETS ET SONNETS

13

A J. B.

L'autre soir, assis à ton feu,
Je m'éjouissais à sa flamme ;
Elle se glissa peu à peu
De mon pied frileux à mon âme.

Tout aussitôt elle fondit
La cire vierge qui condamne
Un feuillet pieux, interdit
A tout œil impur ou profane.

Mais toi, dont la chaste amitié
M'écoute aussi longtemps que j'ose,
Tu lus, et tu pris en pitié
Ce que disait la page close.

Tu n'es pas l'écho sombre et froid
Où, la nuit, Satan se retire,
Qui répond à mes cris d'effroi
Avec de grands éclats de rire.

Aussi, de mes pauvres amours
Les naïves supercheries,
Mes nuits sans sommeil, et mes jours
Hallucinés de rêveries,

Tu sais tout, et tu m'écoutas
Sans bâiller et sans te défendre;
Mais ce soir, paresseux ou las,
Je suis en humeur de t'entendre.

Accours donc, et que ton discours,
Qu'il soit sérieux ou frivole,
Ne rapporte qu'un bruit d'amours
A mon oreille bénévole.

Et nos soucis s'envoleront,
Et nos larmes seront séchées,
Et nos âmes se mêleront
Comme des urnes épanchées.

(1844.)

RÉPONSE

Ami, viens-tu pas me prier
D'aller, ce soir, ouvrir ta porte,
Et savourer à ton foyer
L'heure que le plaisir emporte?

Voulais-tu pas serrer ma main,
Verser ton âme dans mon âme,
Parler d'hier, nommer demain,
Prononcer un doux nom de femme?

Dans nos rêves jeunes et beaux
Aspirer à toutes les gloires,
Et, passant déjà nos tombeaux,
Aller saluer nos mémoires?

Voulais-tu pas laisser ainsi
Au hasard tomber nos paroles,
Sûrs de tous deux, et sans souci
Qu'elles fussent tristes ou folles ?

Las ! au milieu de ce chaos
De papiers et de griffonnages
Où mes pauvres pensers sont clos
Comme des oiseaux dans leurs cages,

Parmi les albums entr'ouverts,
Entre mes crayons et mes plumes,
Sous un lourd cahier plein de vers,
A l'ombre de deux gros volumes,

Je viens d'apercevoir ce pli
Où ta voix, qui ce soir sans doute
Maugrée et m'accuse d'oubli,
Nous disait : « Mettez-vous en route. »

Il était là, seul, oublié,
Morose, et faisant sentinelle,
Ce pauvre mot que l'Amitié
Devait bien prendre sous son aile.

Enfin je l'ai lu, mais trop tard !
Je demeure seul. — Ah ! fortune,
Destin, providence ou hasard,
Je vous en garderai rancune !

Savez-vous bien ce que je perds ?...
Cette félicité suprême
D'un poëte qui lit ses vers,
D'un amoureux qui dit : « Je l'aime ! »

Car il m'écoute, et je l'entends ;
Et nos voix ne se lassent guères ;
Et nous parlons en même temps
Bien souvent des heures entières !

C'est un bavardage charmant !
Elle est si jeune ! elle est si belle !
Et de qui parlons-nous ?... Vraiment
Nous ne savons ; nous parlons d'elle.

Et nous effleurons tour à tour
Amour et lauriers et folie ;
Comme nos paupières au jour,
Nos âmes s'ouvrent à la vie.

Une femme écoute nos chants,
Un peuple écoute nos paroles,
Nous sommes aimés et puissants,
Nous ceignons nos fronts d'auréoles !

Insensés ! nous nous réveillons
Au plus charmant de nos chimères !
Le soleil n'a plus de rayons !
L'avenir n'a plus de lumières !

Mais qu'importe si pour un soir
Nous échappons au temps qui vole ?
De tous nos matins sans espoir
Une heure ensemble nous console !

Quand reviendrez-vous, doux instants,
Réjouir mon esprit maussade ?
Ami, si j'en avais le temps,
Je crois que j'en serais malade.

JULES BARBIER.

A MARIE

D'autres s'amusent aux douleurs
Et jurent que la vie est dure ;
Ignorantes des vrais malheurs,
Elles pansent avec des pleurs
La plus petite égratignure.

D'autres, avares de soucis,
Sur leur loisir veillent en armes ;
Elles raillent les cœurs transis,
Et leurs yeux à tout endurcis
Méprisent le trésor des larmes.

Des deux partis lequel vaut mieux ?
Je suis en peine de le dire.
Toi, trouvant le choix périlleux,
Tu mêles toujours en tes yeux
Une larme avec un sourire.

A MADAME D.

(*Madrigal*)

Des vers, des vers à vous, Madame ! — Ah ! j'en ferai
    Tout juste assez pour m'en défendre.
Commandez un poëme, épique à votre gré,
    Et, sans retard, je chanterai ;
Mais, pour des vers à vous, vingt ans je veux attendre.

    Je veux attendre que vos yeux
N'aient plus, malgré les cils dont leur éclat se voile,
    Ce doux scintillement d'étoile,
    Attendre aussi que vos cheveux,
Où se perd une oreille à plaisir découpée,
Mêlent des fils d'argent à leur tresse embaumée,
Attendre enfin le temps où ce pâle portrait,
    Croquis aujourd'hui trop discret
    D'une tête cent fois plus belle,
Sera, pour mon repos, hélas ! presque fidèle.

Mais, aujourd'hui, bien fou qui voudra le rimer!
Sage qui saura se fermer
A tant d'attrait, de grâce, et de candeur encore!...
Allez! pour tout cela, Madame, on vous adore,
Mais c'est de peur de vous aimer.

(1846.)

A L'AUTEUR DES LIBRES PAROLES

Toi, tu me plais. — J'ai lu ton livre sympathique.
Vêtu de gravité, comme le sage antique,
Avec un cœur de feu sous ce long manteau blanc,
Tu tiens, comme saint Pierre, une épée à ton flanc.

Et tu vas, portant haut le front devant la foule,
Ouvrant à tous les yeux ton sein d'où la foi coule;
Sans fastueux mépris des vices d'ici-bas,
Tu parles de vertus et tu n'en rougis pas.

Non, tu ne rougis pas d'adorer ta patrie,
De vouloir être mort plutôt qu'elle flétrie,
Riche, de travailler ainsi qu'un plébéien,
Et d'être, avec les gens sans souliers, citoyen.

C'est bien. J'aime l'audace aux âmes vertueuses.
Et je ne la hais pas à ces tumultueuses,
Ces folles de leurs corps, âmes sans faux levain,
Qui par les carrefours s'en vont chantant le vin,

Les pieds dans le ruisseau, la tête dans les nues.
Fuyez! car les voilà qui passent toutes nues,
Criant leur nom, frappant aux portes des maisons,
Et pour le magistrat réservant leurs raisons.

Pour moi, sage sans force, ou même fou sans vice,
L'audace me ferait un ridicule office,
Moi qui, dès la jeunesse, ai consumé mes jours
Dans le feu tourmenté d'inquiètes amours,

Et n'ai, me remplissant tout entier d'une femme,
Gardé que peu de place au reste dans mon âme :
Droit, Liberté, Raison, principes immortels...
Je les viens adorer, Laurent, à tes autels.

Oiseau du même nid, je suis d'un œil d'envie
Ceux dont l'aile est tendue aux grands vents de la vie,
Et, parfois, je me sens des aspirations
Vers le même nuage ou les mêmes rayons.

(1850.)

A EDMOND COTTINET

Il est au fond des bois, sur les monts orageux,
Des échos familiers aux poumons courageux ! —
Le sanglier qui sent du chasseur les approches,
Le canon, — l'avalanche et la foudre, — tout bruit
De la terre ou du ciel qui gronde et qui détruit,
Sait arracher ces voix aux poitrines des roches !

Quelquefois cependant l'écho résonne encor,
Quand le chasseur perdu jette un appel de cor,
Lorsque le pâtre oisif joue un air de sa trompe.
Mais l'écho qui répond n'est que tendre ou moqueur,
L'oiseau ne s'émeut pas et, l'effroi dans le cœur,
Le voyageur qui passe est le seul qui s'y trompe.

L'homme est peuplé d'échos, comme les monts touffus.
La foule qui dehors pousse des cris confus,
Tous les combats civils par lesquels nous passâmes,
Le rappel du tambour et le glas du tocsin,
Les pavés qu'une ville agite dans son sein,
Ces bruits vont réveiller les échos de nos âmes !

Il est encor des sons auxquels l'écho se plaît :
Qu'un poëte inspiré chante un grave couplet,
Qu'il aime son pays et parle de la France,
Qu'un honnête homme lance un hymne au jour sauveur,
Le cœur des braves gens écoute ce rêveur,
Et l'écho pour sa voix n'a pas d'indifférence.

Le cœur des braves gens et l'écho des grands bois,
C'est vous, ami ! — Je suis le chasseur aux abois,
Le poëte qui croit boire aux sources morales,
Le pâtre qui s'essaye, — et pourtant, je le vois,
Vous venez de répondre à ma petite voix
Comme on ne répondrait qu'à des voix magistrales !

Laurent Pichat.

8 avril 1850.

A MISS ANNAH

(Remerciement)

Où l'avez-vous pris ce bouquet sauvage,
Chef-d'œuvre de l'art de vos doigts légers,
Trésor imprévu d'un pauvre rivage
Qui paraît si sec aux yeux étrangers?

Quoi! dans les rochers que le flux rudoie,
Sur le sable fin, houspillé des vents,
Au bord de ces eaux où le poulpe ondoie,
Où le crabe sort des varechs mouvants,

Ainsi que l'abeille au jardin butine,
Vous avez cueilli ce bouquet pour nous !
Si frais dans son nid de mousse argentine
Que les papillons en seront jaloux !

Vive ce désert, puisqu'il nous rassemble !
Puisqu'un tel bouquet y put bien pousser !
Mais à qui, de grâce, est-ce qu'il ressemble ?
N'est-ce pas à vous, Miss, qu'il fait penser ?

Oui, vous n'êtes rien qu'une herbe des plages,
Qu'une algue perdue en cet Océan
Qu'on nomme le monde, et dont les orages
Ne font pas rentrer une algue au néant.

O sœur de la perle, aussi chaste qu'elle !
Fille du rocher, fière comme lui !
Vous bravez le flot, ennemi fidèle,
Qui montait hier, qui monte aujourd'hui.

Il n'éteindra pas sous sa masse humide
Le fin coloris de vos cheveux d'or,
Ni dans votre cœur, calice timide,
Le vague parfum de l'amour qui dort.

Toujours vous serez la douce parure
Du seuil où le vent vous déposera,
Toujours vous pourrez de votre odeur pure
Embaumer la main qui vous cueillera.

(Lion-sur-Mer, 1861.)

A CAMILLE SAINT-SAENS

Jeune chêne, déjà ton faîte triomphant
Gagne l'air, par-dessus le taillis étouffant.
Déjà, quand le soir vient, la longueur de ton ombre
Inquiète à tes pieds des arbustes sans nombre,
Troënes, églantiers, et jusqu'aux champignons
Qui, lorsque tu germais, furent compagnons.

Tu ne les connais plus. Le front dans la lumière,
Tu quittes pour jamais leur troupe familière,
Et tu n'admires plus que le ciel étoilé
Et le large horizon qui te fut dévoilé,

Cirque immense, où la mer, en sa plainte infinie,
Sous la chanson des vents roule son harmonie.
Tu te mêles toi-même à ces puissants concerts.
Ces hymnes, ces sanglots qui flottent dans les airs,
Aspirés, renvoyés par les cratères vides,
Longtemps tu les fis boire à tes feuilles avides;
Tu les pompas, tu pris dans ton cœur enivré
Tout l'univers, avec son bruit vaste et sacré,
Et tu vas, frémissant du pied jusqu'à la cime,
Répandre ton trésor en quelque chant sublime.
Sous ses dômes alors la forêt se taira,
Et le loup qui s'en va chassant s'arrêtera,
Et tout sera muet pour t'écouter, mon chène!

On dit, en attendant cette fête prochaine,
Que des glands, fruit nouveau, de ta branche tombés,
Par d'autres que des loups voracement gobés,
Par de vils animaux, sordides et rustiques,
Ne t'ont mérité d'eux que d'immondes critiques.
Bien repus, les ribauds ont souillé le repas,
Ils ont sur toi bavé... — Ne t'en alarme pas.
Où la critique bave il faudra qu'elle crève.
La critique crevée enrichira ta séve.
Dans cent ans, nos neveux, à ta gloire dévots,
D'offrandes chargeront tes vivaces rameaux;

Mais qui s'avisera d'aller sous ta racine
Fouiller et déterrer la critique porcine,
Pour voir de quel engrais tes sucs furent nourris,
De Zoïles véreux ou de Geoffroys pourris?

(1863.)

A LA COMTESSE B.

(Remerciement en rondeau)

Pour bien répondre à vos divins envois,
Hélas! quelle est ma misère, Madame!
Je n'eus du ciel qu'une méchante voix;
Il me faudrait sur le front une flamme
Et le pinceau d'Huysum au bout des doigts.

Eussé-je à moi ces dons que je vous vois,
Le loisir manque. Un fâcheux me réclame,
Se tient là, parle, et je jure cent fois
      Pour bien répondre.

Ah! que n'est-il tout au fond de ses bois!
Ou bien, sans lui, que n'y suis-je! — Mon âme
Après les bois, ainsi que le cerf, brame.
J'y trouverais pour vous des vers courtois.
Mais de ceux-ci craindrai-je qu'on me blâme?
Quand le cœur parle, il faut des mots sans choix
Pour bien répondre.

A ROSE

Ah! péronnelle! ah! mauvaise!
Qui vous campez devant moi,
Joyeuse de mon malaise
Et forte de mon émoi!

Le rire et l'amour aux lèvres,
Le rire et l'amour aux yeux,
Vous pointez, comme les chèvres,
Votre front insidieux.

Moi j'avance, je recule,
Je veux et je ne veux pas,
Et, me voyant ridicule,
Je n'ose plus faire un pas.

Je suis le chien lamentable
Qui se sent mystifier
Quand devant lui, sous la table,
On met le plat tout entier.

Ah! si j'avais sur la tête
Vingt ans de plus ou de moins,
Je ferais autrement fête
A vos charitables soins.

A soixante ans, sans scrupule,
Vous empaumant le menton,
Je vous dirais : « Cela brûle!
Otez-vous d'ici, brandon!

Dans la vieille poudrière
Où dorment les vieux obus
On circule sans lumière,
Éteignez vos yeux, Vénus! »

Si j'avais vingt ans, bataille!...
Changeant de geste et de ton,
Je vous prendrais par la taille
Plutôt que par le menton.

Et je vous dirais : « Charmante,
La tourterelle est au bois.
Écoutez ce qu'elle chante,
La sagesse est dans sa voix. »

Elle chante, et voici comme :
« Que vont faire les amants ?
« Le curé visite Rome ;
« Qui recevra leurs serments ?

« Il a la clef de l'église,
« Sa servante est au marché,
« Le vicaire a suivi Lise ;
« L'évêque est à l'Evêché.

« Que feront-ils ? — A la brune,
« Dans le bois ils viendront voir
« L'église verte, où la lune
« Monte comme un ostensoir ;

« Où sur les fronts, comme un poêle,
« Le brouillard vient se poser,
« Où le cierge est une étoile,
« Où l'hostie est un baiser. »

Mais aujourd'hui les bocages
N'ont plus de chanson pour moi.
Un galant entre deux âges
Se fait sourd et se tient coi.

Il redoute la fillette,
La blonde, prompte au mépris,
Dont le regard s'inquiète
A l'aspect d'un cheveu gris.

Elle le guette en silence,
Et quand le sire, échauffé,
Pense que son éloquence
Chez la belle a triomphé,

D'un doigt leste elle le cueille,
Et de son souffle dans l'air
Le chasse, ainsi qu'une feuille
Desséchée avant l'hiver.

« Cheveu gris, vole ! dit-elle,
Quelque oiseau te prendra bien.
Pour le fuseau d'une belle
Telle toison ne vaut rien. »

Puis elle s'en va, hautaine,
Et l'oiseau qui vient bénit
L'homme dont la tête vaine
L'aide à tapisser son nid.

(1864.)

SONNETS

—

ENVOI A MADAME M. L.

Du libre Anacréon je n'ai,
Tant s'en faut, l'allure sublime.
Ce maître du luth fortuné
En ses envois n'était gêné
Ni du respect, ni de la rime.

De plus, pour lui porter ses vers
Il avait une tourterelle.
Je n'ai qu'une bonne aux yeux verts
Qui me regarde de travers
Et grogne dès que je l'appelle.

Sur sa lyre l'oiseau perchait,
Vous avez fait mieux pour la mienne :
Dans ma main qui se desséchait
Vous avez ranimé l'archet,
O subtile magicienne !

Aussi, la balance entre nous
De mon côté déjà trébuche.
Du Grec je ne suis plus jaloux,
Car sa colombe, auprès de vous,
Ne fut qu'une simple perruche.

Mais il lui fit goûter parfois
Dans sa coupe d'or l'ambroisie !
Je ne vous offre en mon patois,
Au creux d'un gobelet gaulois,
Qu'une goutte de poésie.

(1872.)

A UN JEUNE POETE

En septembre, parfois, quand le soir glorieux
Couvrait d'un manteau d'or l'émeraude des herbes,
J'ai vu s'acheminer vos phalanges superbes,
Cygnes de la Norwége, au plus profond des cieux.

Le laboureur, alors, vers vous levait les yeux,
Et son regard suivait, plein de pensers acerbes,
Votre vol, qui jetait à ses futures gerbes
Le présage hâtif d'un froid injurieux.

Or, aujourd'hui, j'ai vu les Muses immortelles
Au-dessus de ton seuil, ami, voler en rond
Et chercher un asile où reployer leurs ailes.

La nuit venant, chez toi les vierges descendront.
Mais quoi! faut-il les craindre? et songer qu'avec elles
La neige, avant l'hiver, peut tomber sur ton front?

(1845.)

SUR LE LIVRE DE *L'ÉMAIL*

A forger un sonnet pour ce digne volume,
Sonnet qui ses beautés sonnera dignement,
Mon fer est mol; il faut que d'un pur diamant
Quelque magicien me fabrique une enclume.

Popelin son pinceau renforce de sa plume.
De la perfection ce véritable amant,
Afin que son émail dure éternellement,
A l'envi de son four son intellect allume.

Vous donc qui dans son livre apprendrez le secret
De dérober au temps le lôs de vos peintures,
Peintres, n'en faites pas où l'Honneur ait regret.

A tous ceux qui lui sont de vivantes injures,
Aux mauvais citoyens refusez leur portrait,
Et n'immortalisez que de nobles figures.

(1866.)

L'ÉTOILE

Du laquais ou du roi, du pitre ou du poëte,
Une étoile, là-haut, gouverne les destins.
Qu'un nuage orageux s'étende sur leur tête,
Il n'éclipse qu'un temps ses rayons argentins.

La mienne n'eut jamais de ces retours certains,
Ni ne sut s'aviver au vent de la tempête ;
Mais, pâle, elle me suit de ses regards éteints,
Comme ceux d'une vieille et malade planète.

Astre louche, parmi tant d'astres radieux,
Est-ce que tes clartés par moi sont méconnues ?
Comme un autre luis-tu, quand s'écartent les nues ?

Et ce voile obstiné, ce brouillard envieux
Qui toujours a terni tes grâces ingénues,
N'est-il fait que des pleurs qui flottent dans mes yeux ?

(1871.)

FIDÉLITÉS

Une fleur pour chacun, cultivée ou sauvage,
Œillet ou chèvrefeuille, a des baumes constants.
Un refrain préféré des gosiers chevrotants
Hante chaque mémoire, immuable ou volage.

Élixirs où se fond l'indicible assemblage
Des souvenirs heureux de nos jeunes printemps !
Mon grand-oncle, défunt à quatre-vingt-huit ans,
Fredonnait en mourant *le Devin du Village*.

Il s'était marié deux fois, et, pour si peu,
Brouillant ses mementos, s'endormait au milieu,
Sans trop se réclamer de l'une ou l'autre femme.

Pour moi, quand je rendrai mon souffle à l'air commun,
Je veux que de mon cœur s'exhale un seul parfum
Et qu'un seul nom s'envole en chantant de mon âme.

(1872.)

LES BARBERI

Libres un jour par an ! libres le mardi-gras !
Ces chevaux font dans Rome une course sublime.
Ils passent, comme un vent d'orage sur l'abîme,
Libres et nus, criblés de fleurs et de hourras.

Et si quelque mâtin que la rage envenime
Se jette à leurs naseaux, la foule aux mille bras,
Romains, Anglais, rapins chevelus, moines ras,
Les lève, en protestant plus haut que pour un crime.

Mais de Rome à Berlin, de Londres à Madrid,
Au lieu d'un cheval nu, si c'est un libre esprit
Qui bondit sans licou sur la route battue,

Tous les jours, même gras, lui sont des jours damnés ;
Le dernier des Veuillot peut se pendre à son nez :
C'est le chien qu'on acclame et le coursier qu'on hue.

VICTOR HUGO

Tout poëte est un arbre, un palmier d'Idumée
Au désert, et l'oiseau le loue en sa chanson.
Et l'oiseleur aussi, quand, fidèle échanson,
Il a gardé la source à sa lèvre enflammée.

Mais toi, Victor Hugo, tu pousses ta ramée,
Et c'est d'une forêt que tu ceins l'horizon.
Tes ascètes y sont un peuple en oraison,
Et rien que tes brigands y feraient une armée.

Chez toi, pour tout chanteur, rugit le lion roux.
Il querelle l'écho qui le tient en courroux,
Oiseau que nul veneur ne prendra dans ses toiles;

Et ta source est un lac que nul œil n'a pu voir.
Le jour, un Nil obscur sort de son réservoir,
Et, la nuit, c'est le puits où tombent les étoiles.

SUR LE LIVRE DU *PRINCIPE DE L'ART*

Dans tout œil franc-comtois la perspective louche.
Courbet, peintre estimable, est en ce point fautif.
Près d'un roquet, sa vache est un diminutif;
Sous l'arbre, son chevreuil s'incorpore à la souche.

Chez le Comtois Proudhon même discord me touche.
En l'honneur de Courbet ce grand homme naïf
A fait un livre. Auprès de son peintre adoptif
Delacroix y paraît, pas si gros qu'une mouche.

C'est trop juger en frère, ô glorieux Proudhon !
Il vous faut à l'optique en demander pardon.
Tant de patriotisme en vous heurte sa règle.

Ce prisme interposé vous fausse le regard,
Et, parmi les oiseaux du vaste ciel de l'art,
Il vous induit à prendre un moineau pour un aigle.

SEHNSUCHT

J'ai vu que je disais : Les ramiers sont heureux
Que dore le soleil couchant au haut de l'arbre !
Qui volent dans l'azur, qui boivent dans le marbre,
Et qui de trop d'amour font leur chant douloureux !

J'ai dit aussi : J'envie à Shakspeare sa palme !
L'homme est heureux qui sort du théâtre en vainqueur,
Ayant brûlé le sang d'un peuple dans son cœur,
Et qui d'un tel laurier couronne son front calme !

Et je dis maintenant : Heureux les charcutiers !
Non pas les charcutiers retirés, ces rentiers
Qui regrettent aux champs l'odeur de la boutique ;

Mais ceux qu'on voit luisants, dévots à la pratique,
Derrière le comptoir passer les ans entiers,
Les ans de leur jeunesse ardente et poétique !

CONTROLE

Au bagne de Toulon, tant que va la journée,
Un bruit sec et rhythmé sonne dans le bassin.
C'est le marteau de fer du sceptique argousin
Qui frappe les barreaux de la maison damnée.

Et nul n'évitera sa revue obstinée;
Car le forçat, qui croit l'air des geôles malsain,
Toujours en a limé quelqu'un, dans le dessein
D'aller au bois, voir si la pâquerette est née.

Poëte studieux, médite la leçon.
Tes vers sont les barreaux qui gardent en prison
La pensée évasive et mal obéissante.

Un par un sonde-les de ton marteau d'argent;
Soupçonne jour et nuit, poëte diligent,
Derrière tout vers creux une pensée absente.

PÉGASE

A MADAME M. L.

Quand vous vous attelez avec l'âne ou l'ânesse
Ou l'ânon, animaux d'instinct mélodieux,
Pour labourer ensemble un duo rocailleux,
Je pense au fier Pégase exilé du Permesse.

Le bon Retzsch, d'une pointe aimable en sa finesse,
A gravé sous le joug Pégase furieux.
Camarade du bœuf, il heurte les essieux,
Tire, et met charretier et charrue en détresse.

Apollon cependant s'en vient le consoler.
Il saute sur son dos, et tous deux de voler,
Et l'on voit du manant la mine déconfite.

Et je m'attends à voir, pareil étant l'ennui
Quand votre compagnon ne va pas assez vite,
Des ailes vous porter dans l'azur, comme lui.

LES SOLDATS DANS LA RUE

J'aime de leurs clairons la fanfare assassine
Qui force l'honnête homme à sauter hors du lit,
A l'heure où sous le drap son courage faiblit
Pour résister au jour que le volet dessine.

Elle met en émoi l'office et la cuisine,
Et de tabliers bleus la fenêtre s'emplit.
Les beaux soldats ! la rue à les voir s'embellit !
Et, justement, voici paraître ma voisine.

Cheveux défaits, casaque enfilée au hasard,
Pauvre enfant ! elle craint d'arriver en retard.
Elle pousse à demi la persienne et se penche.

Heureuse, — car la troupe est à portée encor, —
Elle voit l'adjudant et le sergent-major !..
Moi, je vois ses pieds nus et son épaule blanche.

A MA VOISINE

J'aurais beau rappeler mon temps qui s'envola,
Vous n'avez pas souci, vous, de vieillir encore.
Vous n'avez pas vingt ans, et moi je vous adore.
Qu'est-ce que je vais faire avec cet amour-là ?

Que fait le vieux pêcheur de Naple ou de Mola
Du bouquet de jasmin que sa barrette arbore ?
Son oreille le presse, on dirait qu'elle odore
La fleur, dans ses cheveux que l'âge pommela.

Ainsi va, maniant son chapelet en poche,
Le bonhomme fleuri, sans peur et sans reproche ;
Ainsi j'irai, bravant le sourire ou l'affront.

Je porterai gaiement mon amour sur l'oreille,
Afin de réjouir les rides de mon front
Et d'y faire venir le baiser de l'abeille.

A LA MÊME

Ce que j'ai? — J'ai, parbleu! qu'hier je vous ai vue,
Et que j'ai mal dormi, quoique fermant les yeux,
Tant les rêves ont fait un vacarme odieux
Et mené le sabbat dans ma cervelle émue!

C'était comme une meute au logis retenue
Qui fatigue d'abois le bourg silencieux,
Quand l'air a prévenu les limiers soucieux
Qu'à la source prochaine une biche est venue.

Aussi, mal satisfait et fronçant le sourcil,
Dès le matin je suis entré dans le chenil,
Et, le fouet à la main, j'ai dit à mes pensées :

« Çà, quelle est cette ardeur à donner de la voix?
L'amour est par ici, l'amour est dans le bois;
Mais ce n'est pas pour nous. — A la niche, insensées! »

A TRAVERS LA RUE

Cette fenêtre donc sera toujours fermée !
En vain, depuis six jours, à la mienne je vien.
Je ne suis pourtant pas très-exigeant, mais rien
Ne peut me remplacer l'œillade accoutumée.

Holà ! blanche voisine, êtes-vous enrhumée ?
Mariée ? enlevée ?... Aimez-vous un Prussien
Pour vous cacher ainsi ? Fi ! cela n'est pas bien ! —
Mais, chut ! on ouvre enfin cette fenêtre aimée.

Paresseuse voisine ! elle est encore au lit !...
Sans dormir, car un prêtre à côté d'elle lit,
Et je vois, grands ouverts, ses yeux d'aigue-marine...

Mais que fait là, brûlant en plein jour, ce flambeau ?...
Pourquoi ce bénitier qui charge un escabeau ?...
Et ce lourd crucifix couché sur sa poitrine ?...

ODES ET POEMES

TRADUCTIONS D'HORACE

I

A UNE FONTAINE.

O fontaine de Bandusie,
Plus claire qu'une glace et digne d'un vin doux !
Demain, avec des fleurs, tu recevras de nous
    Un chevreau, victime choisie.

En vain sur son front offensif
Pour la guerre et Vénus les cornes sont poussées,
Il ira de son sang rougir tes eaux glacées
    L'héritier du troupeau lascif.

La canicule furieuse
Te respecte ; ton lit, à l'heure du repos,
Garde aux bœufs las du soc, aux courses des troupeaux
Une fraîcheur délicieuse.

Aussi tu deviendras la sœur,
Grâce à cette chanson, des fontaines fameuses ;
Et j'y dirai le chêne assis aux roches creuses
D'où s'élance ton flot jaseur.

(1848.)

II

A PYRRHA.

Sur la rose abondante et sous l'antre opportun,
Frêle, et tout arrosé d'un liquide parfum,
      Pyrrha, quel jouvenceau te presse?
Pour qui le seul apprêt de tes simples atours
      Est de trousser ta blonde tresse?

Oh! que les dieux peu sûrs, ton cœur et ses retours
Lui préparent de pleurs une source féconde!
      Qu'il verra d'un œil étonné
      Les noirs autans irriter l'onde
      Où, novice, il fut entraîné,
Celui qui te savoure en cette heure dorée!

Crédule, il espère toujours
T'avoir libre, toujours de douce humeur parée;
Il ne veut croire qu'aux beaux jours.
Malheureux ceux auxquels en veulent tes amours!

Pour moi, j'ai suspendu, m'acquittant d'un vœu sage,
A l'autel du Dieu de la mer
Un tableau qui parle assez clair,
Et mes habits encore humides du naufrage.

III

A TYNDARIS.

Faune volontiers en ses jeux
Passe du mont Lycée au Lucrétile aimable.
Il commande à l'été de ménager ses feux,
D'épargner les vents orageux
A mes chèvres, troupe estimable.

Grâce à lui, sous le bois elles font leur butin.
Le bouc à l'odeur forte
Laisse ces dames, sans escorte,
Chercher en paix l'arbousier et le thym,
Au hasard des chemins où l'instinct les emporte.

Ni les couleuvres ni les loups
Ne troublent, Tyndaris, mes chevrettes hardies,
Quand la flûte de Faune emplit d'un écho doux
Ustica, couchée au-dessous
Des roches par le temps polies.

Les Dieux m'ont regardé. Près d'eux mon cœur pieux,
Ma muse ont trouvé grâce.
Sur mes guérets la Corne grasse
Distille l'abondance en trésors copieux.
Viens ! je veux qu'à ses bords pour toi leur flot s'entasse.

Viens fuir dans ce val écarté
L'ardeur de la saison sous la feuille ondoyante.
Prends le luth de Téos ! Par toi sera chanté
Celui que se sont disputé
Pénélope et Circé, la nymphe chatoyante.

A l'ombre, tu pourras boire une coupe ou deux
D'un lesbos sans malice.
Chez moi jamais Mars ne se glisse ;
On n'y voit point ces combats hasardeux
Où le fils de Sémèle avec Mars entre en lice.

Cyrus que tu crains à bon droit,
Cyrus n'est point ici, ni sa main mécréante ;
Cyrus qui, sans rougir pour un si sot exploit,
Tire ensemble, le maladroit,
Tes fleurs et tes cheveux et ta robe innocente.

ODE A LA PAIX

POUR L'EXPOSITION UNIVERSELLE DE 1867

Amour et volupté des hommes,
Prisonnière des Dieux, ô Paix!
De la terre ingrate où nous sommes
As-tu disparu pour jamais?
Sous le pied du guerrier superbe
Le vaincu, foulé comme l'herbe,
Pourtant, lève sa main vers toi;
Et le marchand dont les navires
Reviennent des lointains empires
Prosterne à tes autels sa foi.

Mais la main qui vers toi se lève
Est tachée ou de sang ou d'or.
Elle ressaisira le glaive,
Elle enfouira son trésor.
Aussi, des suppliants avides
Tu détournes tes yeux timides,
Et ton oreille n'entend plus
Que le bruit des sphères bénies,
Dont les tranquilles harmonies
Chantent les siècles révolus.

Voici qu'au plan de leurs orbites
Conformant son plan radieux,
Un temple, pour que tu l'habites,
Arrondit ses parvis pieux.
Compte les peuples de la terre,
De ceux que le Cancer altère
Jusqu'à ceux que l'Ourse a glacés ;
Tous ont ici leur tabernacle,
Tous attendent que ton oracle
Leur dise qu'ils sont exaucés.

Dans leurs âmes ton œuvre est faite :
Chacun couronne ses rivaux.
Viens donc sanctifier la fête

Que t'offrent ces croyants nouveaux.
Quand dans la nuée entr'ouverte
Apparaîtra ta palme verte,
Un chant s'élèvera — si doux
Que les Dieux sentiront l'envie,
Et que, pour savourer la vie,
Ils te suivront tous parmi nous.

HYMNE AU TRAVAIL

POUR L'EXPOSITION UNIVERSELLE DE 1867.

LE CORYPHÉE.

Hors des eaux qui l'avaient couverte
La Terre, fille du néant,
Allaitait dans sa forêt verte
Des monstres le peuple géant.
Dieu prit alors un peu d'argile,
L'anima d'un souffle inconnu,
Et fit roi ce dernier venu,
L'Homme, son image fragile.

CHŒUR.

A l'œuvre, fils de Dieu! gagne ta royauté!
Si, depuis qu'il t'a fait, ton père se repose,
C'est que, comme il a mis sa douceur dans la rose,
Il a mis sa force en ta volonté.

LE CORYPHÉE.

L'homme a faim : il prend sa pâture
Sur l'os du tigre ou du lion ;
L'homme nu roule à sa ceinture
La peau de l'ours comme un haillon.
Le cèdre tombe sous la hache,
Le soc laboure les forêts,
Et, pour combler l'impur marais,
Des monts le rocher se détache.

CHŒUR.

A l'œuvre, fils de Dieu ! consacre la cité !
Dresse le tribunal que l'innocent vénère.
Si la main du Très-Haut brûle dans le tonnerre,
Sa justice parle en ton équité.

LE CORYPHÉE.

L'homme enfin enserre le monde
Entre ses deux bras glorieux.
Volcan hautain ou mer profonde,
Tout tremble au regard de ses yeux.
Mais la luxure, mais l'envie
Vengent l'univers dans son cœur.
Les monstres dont il fut vainqueur
Y reprennent une autre vie.

CHŒUR.

A l'œuvre, fils de Dieu! sauve ta liberté!
Vois les vices hideux qui captivent ton âme!
L'Être dont les soleils ont emprunté leur flamme
Dans ta conscience a mis sa clarté.

LE CORYPHÉE.

Hâtons cette lutte suprême
Contre ces Titans insoumis!
L'homme, un jour, maître de lui-même,
Ne connaîtra plus d'ennemis.
Paresse, Ignorance, étouffées,
Déjà lui demandent merci.
Les trésors qu'il étale ici
Sont leur dépouille et ses trophées.

CHŒUR.

Gloire à toi, fils de Dieu! sois aujourd'hui chanté!
Mais redouble l'élan de ta vertu constante.
Celui qui roulera les cieux comme une tente
Garde à ton effort l'immortalité.

VARIANTE

LE CORYPHÉE.

L'homme enfin enserre le monde
Entre ses deux bras glorieux.
Volcan hautain ou mer profonde,
Tout tremble au regard de ses yeux.
Mais la vieille terre appauvrie
Sur son vainqueur se vengera :
Nemrod affamé périra
Si l'arc est sa seule industrie.

CHŒUR.

A l'œuvre, fils de Dieu ! sèvre ta liberté !
Demande à la fourmi le prix du temps qui passe !
A l'abeille, ô Nemrod ! qui te fuit dans l'espace,
Demande le mot de ta pauvreté.

LE CORYPHÉE.

Les siècles ont vu cette étude
De la pensée et de la main.
L'homme a brisé la servitude
Du hasard et du lendemain.
Les arts, pour couronner sa vie,
Enlacent des lauriers rivaux.
Le livre défend ses travaux
Contre la mort qui les envie.

CHŒUR

Gloire à toi, fils de Dieu! sois aujourd'hui chanté!
Peuples, unissez-vous dans cette fête immense!
Chantez l'homme! chantez le Dieu dont la clémence
Donna le travail à l'humanité.

AU BOIS

—

TROIS IDYLLES

I — (1867)

A *Émile Augier.*

Comme un czar étranglé par l'amant de sa femme,
Ce matin, on a su que l'Hiver était mort.
A minuit le Printemps avait surpris l'infâme,
Et mis, en le tuant, le tyran dans son tort.

En un instant, la foule envahissait la rue;
Et tous les fronts ternis et tous les pâles yeux
Se levaient, pour lorgner cette chose incongrue :
L'éther tourbillonnant dans l'infini des cieux.

O fronts parisiens ! fronts constellés de suie !
Yeux fermés au soleil, ouverts au gaz impur !
Dieu vous tirait enfin de sous le parapluie
Pour vous voir face à face en sa tente d'azur.

Donc, c'eût été péché que de manquer le coche.
Dieu se montre à Paris le trente-six du mois.
Quiconque, ce jour-là, sent deux francs dans sa poche,
Siffle un cocher de fiacre et roule vers le Bois.

Plus ravi que pas un de cette bucolique,
Je gagnai le grand lac, où le pain méprisé,
Sourdement envié du passant famélique,
Trouve le cygne ingrat et le canard blasé.

Poneys de mille écus et rosses de louage,
Serrés, sur l'avenue allaient au petit pas,
Et le puissant fumet qu'exhalait l'attelage
Se concentrait dans l'air qui ne circulait pas.

Parfois, en se croisant, les files dans la presse
Doublaient une famille, et groupaient un moment
Le fils, dans sa voiture exhibant sa maîtresse,
La mère, dans la sienne étalant son amant.

Tout Paris était là : Cora Pearl, Sabretache,
Les belles misses Webbs, Capoul le beau ténor,
Khalil-Bey, l'Empereur tirant sur sa moustache,
Les frères Lionnet, et mille autres encor !

Je ne les vis pas tous. — Une stupide envie
Me poussait... d'aller seul, d'adorer la saison,
D'embrasser la verdure où frémissait la vie,
Et de teter la terre ainsi qu'un nourrisson.

J'allai loin, écartant du front les branches molles,
Loin de ce cercle où Dante eût pu s'achalander,
Tourbillon d'un enfer sans gestes, sans paroles,
D'âmes — dont le supplice est de se regarder.

Quand je n'entendis plus là-bas gronder la roue,
Quand enfin je sentis flotter dans mon cerveau
Ce doux bruit du feuillage où la brise se joue,
Qui réjouit, dit-on, les morts dans le tombeau,

Je m'arrêtai. — C'était une clairière étroite,
Un dormoir ménagé pour le chevreuil peureux.
Mainte touffe de chêne y poussait toute droite
Où plongeaient les oiseaux avec des cris heureux.

Le soleil miroitait parmi les folles pousses ;
Rien ne se dérobait à son âpre clarté ;
Et le revers de l'herbe, et le dessous des mousses,
Tout luisait, en sa verte et jeune nouveauté.

O bienheureux les bois ! bienheureuses les herbes,
Qui, chaque année, ainsi vont se rajeunissant !
Et vous aussi, naïfs ! ô vous, bourgeois superbes,
Qui, dans ces jours, allez vous épanouissant !

Vous vous croyez vraiment invités à la fête ;
Vous vous mettez en frais de ris et de chansons ;
Comme si ces rameaux reverdis aux buissons
Dont vous vous couronnez vous poussaient sur la tête !

O simples ! dès ce monde ayez le paradis ! —
Moi, dans ce renouveau de la forêt vivace,
Avec mes habits vieux et mes nerfs refroidis,
Je sentais la rougeur me monter à la face.

Entre les gais bouleaux et les sapins contents,
Les genêts secouant leur or, et l'aubépine
Ruisselante d'argent, je faisais pauvre mine.
Homme, je recevais l'insulte du printemps.

Et tandis que sa séve, enflant la branche mère,
Se distillait en pleurs dans les bourgeons soyeux,
Une bile amassée, irrésistible, amère,
Me revenait du cœur et me noyait les yeux.

Efforts déçus, espoirs trompés, croyances mortes,
Patrie abandonnée à de lâches destins,
Ulcères, sur lesquels de mes mains assez fortes
Je tiens un masque outré de rires enfantins,

Tout bouillonnait en moi, tout se donnait licence
D'écumer, de saigner et de pousser des cris.
Encore un peu, j'allais étaler l'indécence
Des larmes, seule honte inconnue à Paris.

Je me sauvai de là, je rentrai dans la ville;
La nature, du moins, y tient son front caché.
Ses insolentes fleurs comptent pour chose vile :
La rose la plus fière est vendue au marché.

La terre, on l'y revêt de grès et de bitume!
L'eau, c'est une servante enfermée aux égouts!
Et le tabac, encens humain, dans l'air qui fume,
Voile de noir un ciel qui se moque de nous!

(1867.)

AU BOIS

II — (1870)

A Victor Massé.

Allons! au bastion la nuit s'est bien passée!
Du dehors point d'obus, dedans peu d'hommes gris.
Je n'ai pas vu venir, sentinelle lassée,
L'escalade promise au fusilier surpris.

Alors, tournant le dos à l'impassible plaine,
Du côté du midi j'ai regardé les cieux.
Leurs champs noirs m'ont ouvert une route certaine
Vers ceux qui sont là-bas, loin de mes tristes yeux.

Je les ai salués à travers les étoiles...
Pardieu, j'en sais le point! et, comme le marin
Sur le port invisible oriente ses voiles,
Mon cœur vers ses amours a pris droit son chemin.

Vers la femme et l'enfant, vainement indociles,
Et que j'ai renvoyés quand ils voulaient souffrir.
O mes pauvres amis! vos *bouches inutiles*
Rien que de leurs baisers auraient pu me nourrir!

Rompez les rangs! — Je rentre à la maison déserte.
L'instant est matinal, même pour embrasser
Celle de qui toujours la porte m'est ouverte,
La vieille mère, hélas! que je n'ai pu chasser.

Mais un rayon joyeux dore les cheminées;
L'hiver, qui va venir, aura de moins beaux jours.
Aux pentes de Clichy, du boulet sillonnées,
Hier, un paysan commençait ses labours.

Méprisons comme lui la boule tracassière!
Sortons comme un bourgeois et la canne à la main :
Mettons le bout du nez hors de la souricière,
Sans plus nous soucier de l'angora germain!

Allons voir si la feuille est encore à la tige,
S'il reste, par hasard, du bon côté du mur
Une herbe qui verdoie, un oiseau qui voltige,
Une goutte d'eau fraîche, une effluve d'air pur!

C'est aujourd'hui dimanche ; et voici des familles
Qui dans la promenade ont affirmé leur foi.
Les pères, bien brossés, donnent le bras aux filles,
Les mères vont après, portant on ne sait quoi.

Voici le Point-du-Jour ! Voici les télescopes,
Par douzaines braqués sur les bois de Saint-Cloud,
Où des industriels, Leverriers interlopes,
Font voir aux citoyens deux Saxons pour un sou.

Merci ! je les verrai de plus près, je l'espère,
Et pour rien. — Oh ! bonheur ! le pont-levis est bas !
Que de gens dans les prés, le long de la rivière,
Ont agrandi déjà leur prison de cent pas !

Je ne compterai pas les miens ; je vais, je vole ;
Je reconnais Auteuil dans un champ dévasté ;
Sur ma tête l'obus courbe sa parabole,
Et je suis dans le Bois sans m'en être douté.

Je le trouve changé quelque peu, sans reproche !...
Est-ce là le grand lac ? Où sont les cygnes noirs ?
Et les canards chinois qu'on bourrait de brioche ?
Et les daims, qui broutaient le pain sur les trottoirs ?

On dit qu'ils ont graissé le chaudron du mobile
Et que le cygne noir est un manger des dieux.
Mais quoi, plus un bosquet! des deux lacs à la ville
Une lande farouche! un champ d'horribles pieux!

Et l'allée, où l'amour inquiet trouvait l'ombre?
Les bastions voisins en furent-ils jaloux?
La voici... les canons y passent leur cou sombre,
Et la mort seule ici donne des rendez-vous.

⌘

Eh bien! ô spectre de toi-même,
Rasé, détruit, exterminé,
Bois, te voilà comme je t'aime!
Aujourd'hui, je t'ai pardonné.
D'assez de tes magnificences
As-tu payé les complaisances
Que je te reprochai jadis?
Le glaive de feu de l'archange
A-t-il assez séché la fange
Aux sentiers de tes paradis?

Oui, ta toilette militaire
D'abord mit en fuite l'oisif.
Elle ôta le voile au mystère
Qu'épiait l'étranger lascif.
Contre son cœur la courtisane
Serrant son chien de la Havane,
Fit tourner bride à son bidet ;
Et le fumier de ta chaussée
Vomit d'une même nausée
L'Empereur qui l'y marchandait.

Puis, pour nourrir de maigres viandes
La faim du vorace Paris,
Les bœufs, menés en longues bandes,
Vinrent mugir sous tes abris.
A leurs voix graves et plaintives
Des moutons les tribus captives
Mêlaient leurs notes dans les airs ;
Et, la nuit, la ville atterrée
Écoutait, comme une marée,
Monter ces fabuleux concerts !

Hélas ! ils se sont tus trop vite
Dans nos estomacs exigeants,
Et ta bergerie insolite

A suivi leurs destins changeants.
Au midi, tes vieilles futaies
Ne se devinent plus qu'aux plaies
De leurs troncs à terre étendus,
Et voici qu'à travers leurs vides
Surgissent à nos yeux avides
Des horizons inattendus !

Salut, Vanves, Issy, Montrouge,
Qui tonnez ensemble là-haut !
Châtillon, où plus rien ne bouge,
Où nos morts sont tombés trop tôt !
Gradins noyés d'ombre bleuâtre
Du colossal amphithéâtre
Qu'ornent les viaducs béants,
Plus grands que tous les Colisées,
Que tous les temples des Thésées,
Vous verrez le choc des géants !

C'est ici même qu'est l'arène
De ce cirque prodigieux ;
Il est temps qu'elle désapprenne
La fadeur de ses premiers jeux.
Ce ne sont plus des gentilshommes
Qui vont s'y disputer des sommes,

A cheval sur des millions ;
Ce sont deux peuples en furie
Qui vont s'y soûler de tuerie
Comme deux troupeaux de lions.

Vous qui, pour élargir la place,
Êtes tombés là sous nos coups,
Arbres malingres, faible race,
Chênes et pins, consolez-vous !
Des gros Prussiens que les épées
Vont coucher entre vos cépées
Vos rejets sortiront accrus !
On arrosait votre anémie...
Le sang des Prussiens est la pluie
Qu'il fallait pour vous faire drus !

Jusqu'à ce qu'on vous l'ait versée
Patientez, chênes et pins !
Jusqu'au jour où cette rosée
Tombera sur vous de nos mains !
Jusqu'au jour où la plaine humide
Verra monter en pyramide
Les os blanchissants des vaincus,
Si haut, qu'en la suite des âges,
Le plus hardi de vos feuillages
Ne passera pas au-dessus !

⌘

Ainsi, tout en marchant, j'escomptais la victoire ;
Et j'aurais été loin, si, près du bord de l'eau,
Un bon Saxon ne m'eût rafraîchi la mémoire
De deux balles — à qui je tirai mon chapeau.

Et je rentrais heureux, confiant, l'âme pleine !
Presque envieux des morts de nos prochains combats ;
Et veuve, mère, enfant, je les plaignais à peine,
Si les os des vaincus ne les consolaient pas.

Et, quatre mois plus tard, sans tambour ni trompette,
S'étant très-mal trouvé d'avoir fait le malin
A ces jeux où les gens se font casser la tête,
Paris capitulait... pour un morceau de pain.

Et, descendant en paix du vaste amphithéâtre
Dans l'arène où sautaient des lièvres pas méchants,
Guillaume, rayonnant d'une gaieté folâtre,
Passait une revue au cirque de Longchamps !

AU BOIS

III — (1871)

Contre cinq milliards, l'Alsace et la Lorraine,
Nous avons la paix : c'est pour rien !
Paris bloqué va voir le terme de sa peine
Avec les talons du Prussien.
La grand'ville se dit alors dans sa tristesse :
« Quoi ! je renverrai l'ennemi
Sans un *vergiss mein nicht !* sans une politesse !
Sans que Trochu, cet endormi,
M'ait laissé lui montrer comme je fais les choses !
Ah ! si mon Haussmann était là !...
Pour un pareil départ il eût fleuri de roses
L'Hôtel de ville en grand gala !
Il eût à l'Opéra monté quelque spectacle,
Quelque ballet étourdissant,

Où le premier sujet eut, comme par miracle,
  Fendu son maillot en dansant !
Mais Ferry, tous les soirs, ainsi qu'un patriarche,
  Avec les poules est couché...
L'Opéra ne va plus ! aux bataillons de marche
  Les danseuses ont trop marché !
Elles ont trop maigri pour souffrir que l'on voie
  Un peu plus haut que leurs genoux...
Faure enfin, notre orgueil naguère et notre joie,
  A Londres se gausse de nous...
Eh bien, passons-nous-en ! dansons, chantons nous-même !
  Montrons à l'étranger surpris
Qu'ici l'art dramatique est toujours l'art suprême,
  Que Paris est toujours Paris !
Mais, comme il est urgent qu'on nous contemple à l'aise,
  La scène en plein vent, chaque soir,
S'ouvrira de Passy jusqu'au Père-Lachaise :
  Tout le monde pourra s'asseoir ! ! »

ᴐⱧϹ

Dzing, boum, boum ! — Les Prussiens aux collines prochaines
  Se sont assis commodément.

A leurs casques pointus les branches de nos chênes
       Ne servent pas peu d'ornement.
Ils ont à fond bourré de tabac d'Allemagne
       La porcelaine au long tuyau ;
Ils ne demandent plus qu'un verre de champagne
       Avant le lever du rideau.
Des gamins enroués colportent le programme ;
       Son papier rouge tire l'œil,
Et l'Allemand naïf l'achète pour sa femme.
       On y lit :

LA PORTE D'AUTEUIL !

Pochade militaire avec combats à l'hache !
      Où l'on prouvera que Paris
Pouvait être, au profit de son renom sans tache,
      Bien mieux défendu, bien mieux pris !
Nota : Pour occuper la longueur importune
      D'entr'actes sans émotions,
Messieurs les citoyens acteurs de la Commune
      Feront des imitations.
La personne la plus étrangère à l'histoire,
      En les voyant, reconnaîtra
Ceux à qui la Commune ancienne dut sa gloire ;
      Un chien savant les nommera ! ! !

֍

Place à louer ! Qui veut un bon fauteuil au centre ?
        Le Bois s'étend devant nos yeux.
Le Mont-Valérien a frappé sur son ventre
        Les trois coups d'un air furieux.
La scène s'ouvre. — Au bruit d'une musique douce
        Qui s'exhale des chassepots,
Deux troupes, à l'abri du taillis qui repousse,
        Se présentent sous deux drapeaux.
Sous l'un, d'un rouge vif, marche une foule honnête
        De comparses très-convaincus.
Ils attendent la mort comme un enfant sa fête,
        Comme un créancier ses écus.
Sous l'autre, des prisons d'Allemagne encor hâves,
        On voit des soldats accourir,
Pour prouver que, trahis, ils furent toujours braves,
        Et qu'ils savent toujours mourir.
Dans le fond, les Vengeurs ont dressé leur bannière.
        A les voir s'emplir de tafia,
Qui croirait que ces gens ont une autre manière
        De venger Flourens ou Sapia ?

Voici sur ce gibier une meute qui jappe,
    Comme en un tableau d'Actéon ;
Tous chiens de même voix, soit qu'ils vengent le Pape,
    Soit qu'ils vengent Napoléon.
On voit que de vengeurs ont à venger en France
    Autre chose que leur pays,
Et cette vue emplit d'une mâle assurance
    Le cœur des Prussiens réjouis.
Quant à la pièce, sauf les vieux feuilletonistes,
    Bien habile qui la comprend !
— Vendus ! capitulards ! — Ivrognes ! communistes !
    Voilà tout ce que l'on entend.
Dieu merci, devinant qu'on espère autre chose
    Que des coups de gueule échangés,
Les acteurs, abrégeant cet entretien morose,
    Avec entrain se sont chargés.
Allons ! le tambour bat, les voilà qui se ruent !
    Mais point de poignards en fer-blanc !
C'est pour de bon, mein Gott ! que les farceurs se tuent ;
    Le théâtre est rouge de sang.
Français contre Français, Paris contre Versailles,
    Les soldats contre les voyous,
Ils se mangent le cœur, ils s'ouvrent les entrailles,
    On les croirait pleins de vin doux.

La fin, trop attendue, eût pu sembler vulgaire :
        C'est le dénoûment obligé.
Qui ne sait qu'il n'est point de farce populaire
        Sans un archevêque égorgé?
Mais les arrière-plans de la scène s'embrasent;
        On voit des temples, des palais,
Des maisons de rapport qui dans le feu s'écrasent,
        Flamber comme de vieux balais.
Vraiment, c'est magnifique! et, n'était le pétrole
        Qui vous force d'éternuer,
Jusqu'aux enfants, qui font dans les flammes leur rôle,
        On voudrait ici tout louer!
Aussi, quand les héros de l'infernal bastringue,
        Poursuivis par des matassins
Qui pointent un fusil en guise de seringue,
        S'échappent de ces lieux malsains,
Les Allemands pour eux ne sont point économes
        De longs bravos et de hourras,
Et les Anglais, feignant de les croire des hommes,
        Les prennent vivants dans leurs bras!

✠

Tout va bien maintenant. Paris voit son prestige
Monter, comme un soleil, plus haut qu'il ne fut bas.
Les Prussiens ont quitté la France... Je néglige
Quelques pays perdus et qui ne comptent pas.

Le Bois, en attendant que ses plants se repiquent,
Porte un faux toupet vert sur ses téguments nus.
Cantonniers, arroseurs et ratisseurs l'astiquent.
Les canons sont partis, les daims sont revenus.

On ne sent presque plus au vent des casemates
L'odeur des vilains morts que l'on dut y murer.
La cocotte, qui chasse aux riches diplomates,
Met dans l'air le parfum qu'il faut pour l'épurer.

Et, tous les samedis, les pauvres mariées
A des cygnes nouveaux, de leur blancheur jaloux,
Ménagent de leur pain les miettes enviées,
Pour retarder d'autant l'heure chère à l'époux.

LA MAIN COUPÉE.

A Alexandre Dumas fils.

L'*Europa*, paquebot en route pour la Chine,
Ayant une avarie à sa vieille machine,
Mouille, depuis un mois, par vingt brasses de fond,
Près d'un de ces comptoirs dont l'aspect seul morfond,
Tels que les Portugais en ont bordé l'Afrique :
Douze cases, autour d'une église de brique.

La rade n'est pas sûre, et les fronts rechignés
Disent que les marins sont à bord consignés.
L'un d'eux, pourtant, qui sert à l'aumônier sa messe,
Pour avoir un congé n'a pas manqué d'adresse ;

Aussi, quand dans la yole il rentre au paquebot,
Une jalouse voix l'interpelle d'en haut :

« Hé! mauvais matelot! fleuriste de madones!
Diégo Diaz! voilà comme tu m'abandonnes!
Monsieur parle au master, a la permission
D'aller à terre, y va, chaud de dévotion,
Allume un cierge ou deux au saint de la relâche,
Et ne penserait pas à rapporter, le lâche,
Un flacon d'aguardiente à son meilleur ami!

— Homme, répond Diégo, ne riant qu'à demi,
De mes cierges j'ai mis le plus gros pour ton âme. »

La yole, là-dessus, ayant choisi sa lame,
Accoste, et le rentrant ne fait plus de jaloux.

« Çà, dit-il, qu'est-ce donc qui se passe chez vous?
De la côte, tantôt, j'entendais des vacarmes
Si majeurs, que le diable en aurait pris les armes.
Aux cris, on eût juré qu'on saignait un pourceau.

—Comment donc! répond l'autre, on t'en garde un morceau!
Tiens, attrape! »
        Et Baffo, riant de sa voix crue,

Jette à son camarade une chair saugrenue,
Une main d'homme.

     Elle est sans lèpre et sans défaut,
Comme on l'eût ramassée au pied de l'échafaud,
Du temps que le bourreau tronquait le parricide.
Diégo la considère avec un œil stupide,
Car on perd avec lui son temps à plaisanter.

« Allons! dit son ami, je vais tout te conter.

Donc, ce matin, Wilhelm avalait sa merluche.
Tu sais quel est Wilhelm : sobre comme l'autruche
Et sérieux dans tout ce qu'il fait. Quant à moi,
Jusque dans ses repas j'aime sa bonne foi.
Il mange, ainsi que toi, Diégo, tu sers la messe.
Mangeant donc, en bourgeois que personne ne presse,
Wilhelm buvait un coup, ou sifflait dans ses dents.
Je tâchais d'imiter ses fredons transcendants;
Car, en fait de musique, il faut le reconnaître,
Wilhelm est — à tous tant que nous sommes — le maître.
(Pauvre Italie, hélas! j'en suis! mais, je le dis,
Bien souvent, quand je pense à Verdi, j'en rougis!) —
J'ajoute que Wilhelm a l'âme charitable.
Il lançait, par-dessus ou par-dessous la table,
A ses cousins, Ludwig le chauffeur, Franz, Othon,

Tantôt une épluchure et tantôt un croûton
Que les gars affamés attrapaient sans vergogne,
Claquant du bec, ainsi qu'en avril la cigogne,
Et, per Dio! c'était un ménage touchant.

Qui vient alors, traînant les pieds et trébuchant,
Ivre d'hier, cassé, l'œil éteint, mais farouche,
Sentant l'absinthe avant d'avoir ouvert la bouche?

— Saint-Jacques! dit Diégo, c'est Jean! c'est le Français!

— Pourquoi m'interromps-tu, Diégo, si tu le sais?...
Apprends que tout conteur, amoureux de sa thèse,
Provoque son public exprès pour qu'il se taise.
Mais tu n'es qu'un balourd!... doublé d'un bon garçon.—
Je reprends.

      Ce traînard, fait de cette façon,
C'était, en effet, Jean. — Sauf quand sa poche sonne,
Qui donc regarde Jean? Qui tient à Jean?— Personne.
Et, d'ailleurs, avec qui ne s'est-il pas peigné?
Chacun en sa besogne était donc rencogné.
Tom carguait un prélart, Zoubof triait l'étoupe,
Papoulos épurait du brai pour la chaloupe,
Et Dick l'Américain, le dos au maître-bau,
S'exerçait à cracher sur le nègre Sambo.

Quant au digne Wilhelm, solide à son affaire,
Jean de plus ou de moins ne l'intéressait guère ;
D'autant qu'en huit cents points, la veille, à l'écarté,
Il avait aplati son orgueil entêté.
Il continuait donc de manger, non sans grâce,
Car l'élégance en tout fut le don de sa race, —
Seulement, comme Jean venait, prenant des airs,
Mon Wilhelm alongea ses jambes en travers.

Le pont, n'est-il pas vrai ? c'est la place commune ;
On y peut se virer mieux qu'au trou de la hune,
Et Wilhelm fut trop bon, quand Jean s'arrêta court,
De lui dire, en haussant le menton : Fais le tour.

Mais l'autre... qui l'eut cru si rageur ou si bête ?
« Je vais faire le tour en passant sur ta tête,
Répondit-il. — Allons ! hale tes pieds de là ! »

Et Wilhelm, toujours bon et gentil, les hala.

« Ce n'est pas tout, reprit l'insupportable ivrogne ;
Jure de ne jamais les rétendre !... ou je cogne. »

Wilhelm devint très-pâle, il ne répondit pas,
Mais, à ses trois cousins il dit un mot, tout bas,

Et, sur-le-champ, troussant leurs manches, tous les quatre
Ils tapèrent sur Jean!... mais comme sur du plâtre.

Quand la pluie enfin tombe, après un jour brûlant,
Elle rafraîchit moins le voyageur dolent
Que ne le fit, Diégo, pour la troupe accourue
Cette averse, pleuvant sur ce coquecigrue.
Lui pourtant, tout d'abord surpris, il tenait bien.
Il rendait coup pour coup, et l'on n'entendait rien
Que les poings, lourds marteaux, battant les œuvres hautes,
Ou les souliers ferrés faisant sonner les côtes.

Mais cela ne pouvait durer. En un moment,
Jean est avarié partout dans son grément,
Il reçoit de Ludwig un atout sur l'oreille,
De Franz une ruade au ventre sans pareille,
Deux horions à mettre un bœuf sur les genoux.
Il y résiste, lui; mais il tourne vers nous
Un regard... qui ne peut rapporter de réponse,
Car, avec l'œil, Othon d'un coup de poing l'enfonce,
Tandis que, par derrière, et juste au creux du dos,
Wilhelm d'un coup de pied lui fait craquer les os.

Jean tremble, comme un arbre en sa chute prochaine,
Quand la hache a touché le cœur même du chêne.

« Ah! vous êtes aussi trop de poux sur un chien!
Murmure-t-il... A moi, Tom! »

                    Tom ne répond rien.

« A moi, Zoubof! »

                    Zoubof regarde le sillage.

« Nous nous sommes battus au précédent voyage,
Zoubof!... ne t'en souviens, mon loyal ennemi,
Que pour battre avec moi cette vermine-ci! »

Bah! Zoubof se souvient (comme ça se rencontre!)
Qu'hier il négligea de remonter sa montre.
Vite, il court à l'avant pour réparer son tort.

« Baffo! crie enfin Jean, je serais assez fort
Si tu venais... »

                    Merci! moi que Wilhelm régale!
Moi qui dois hériter, lorsqu'elle sera sale,
De sa vieille vareuse en laine de Hambourg!
A cet aimable appel, Diégo, je reste sourd,
Et Jean, tu le vois bien, n'a plus qu'à crier grâce.

Pas du tout! le vaurien bondit hors de sa place,
Se penche et se redresse, un couteau dans la main.

« Oh! oh! nous dit Wilhelm, ceci n'a rien d'humain,
Messieurs! contre ceci devant vous je proteste! »

Nous lui donnions raison, mais lui, d'une main leste,
Déjà tient une barre ôtée au cabestan.
Les cousins aussitôt en empoignent autant;
Jean, qui se voit perdu, voudrait forcer l'issue,
Mais il tombe, assommé net d'un coup de massue.

Le voilà, le pourceau dont tu nous as parlé,
Bon Diégo! le voilà de son long étalé!
C'est Jean, qui se retrouve en vie, et qui se cambre,
. Avec un des cousins pesant sur chaque membre.

« Allons! dit-il, sitôt que lui revient la voix,
Allons, c'est bon! j'en suis pour mes frais, cette fois.
Laissez-moi maintenant aller à mes affaires! »

« — Un moment, maître Jean! elles ne sont pas claires
Tes affaires! répond Wilhelm fort échauffé.
Voici d'abord Ludwig, par tes soins parafé
D'un coup dont son sourcil n'avait pas fait commande.
Il lui faut... tes souliers, en manière d'amende.

— Qu'il les prenne ! dit Jean.

                                                        — Il faut au brave Othon
Qui s'est faussé le poing autour de ton menton
Le dédommagement... de tes boucles d'oreille.

— Je les tiens d'une femme unique dans Marseille...
Enfin ! prends-les.

                                             — Ta montre !... il me la faut pour moi.

— Prends ma montre !

                                            — De plus, tout ce qui tient sur toi :
Tes pantalons, tes bas, ton col et ta chemise...
Ah ! ta veste pour Franz ! elle est encor de mise...
Lorsque tu t'en iras, tu t'en iras tout nu.

— Absolument, dit Jean, comme je suis venu !
A présent lâchez-moi, que je me déshabille.

— Pas si vite !
                        — Comment ! ai-je quelque broutille
Qui me reste ? une bague au doigt ? une dent d'or ?
Vrai, je ne m'en suis pas fait remettre une encor ! »

Et l'ivrogne ricane en montrant sa denture.

Alors Wilhelm, changeant tout à coup de figure :
« — Gueux ! avec qui toujours la paix est en danger,
Il te reste, dit-il, deux mains pour te venger.
Deux mains ! deux mains de trop pour servir ta rancune !
Avant de te lâcher on va t'en couper une.

— Oh ! fait Jean, tu veux rire !

                                    — Attends ! et tu vas voir
Si je ris ! Ton couteau, gueux, que tu laissas choir,
Celui que tu voulais me planter dans le ventre,
Tiens, le sens-tu ? crois-tu que je ris quand il entre ? »

Et voilà cette chose impossible en effet,
Cette chose excessive et dure qui se fait.
Du groupe il sort un cri terrible, à fendre l'âme !
Puis, de faibles sanglots, comme ceux d'une femme,
Puis, plus rien. — Nous voyons rouler le tas hideux
Des cousins et de Jean se débattant sous eux ;
Il s'ouvre, et Jean tout nu, meurtri, mais indomptable,
Secouant son moignon, se dresse épouvantable.
Un instant son regard sur nous sembla peser,

Mais il dit simplement : « Sambo ! viens me panser. »
— Sambo court, et tous deux s'en vont vers la cambuse.

Mais, est-ce que je louche ou qu'un rêve m'abuse ?
Ou bien, est-ce Wilhelm et les siens que je vois ?
Oui, ce sont eux, chantant un psaume à quatre voix.
Sur les planches que Jean de son sang a jonchées,
Debout, leurs bonnets bleus entre leurs mains tachées,
Dans un choral puissant, large comme leurs cœurs,
Ils bénissent le Dieu qui les a faits vainqueurs.
Ah ! rira qui voudra des pratiques pieuses !
J'eus ce tort trop souvent, aux heures vicieuses
Où l'ennui du marin fait un désespéré ;
Mais, cette fois, devant ces chrétiens, j'ai pleuré !

— Allons donc, dit Diégo, devant des hérétiques !...
Où sont-ils, à présent, tes chanteurs de cantiques ?

— Hélas ! mon cher, ils sont à dormir là-dessous,
Ayant, après leur chant, tant bu, qu'ils en sont soûls.

— Et Jean ?

         —Bien ! pas de fièvre, et pourtant en démence...
Il demande déjà quand le bal recommence.

« Hé! fou! lui dit Sambo qui lui donne ses soins,
Qu'y veux-tu faire, avec ta main droite de moins? »
Alors Jean lui répond, d'une voix grave et douce :

« Patience, Sambo!.. j'attends qu'elle repousse. »

TABLE

CROQUIS A L'EAU-FORTE.

BILLETS ET SONNETS.

ODES ET POEMES.

TRADUCTIONS D'HORACE.

DES PRESSES DE D. JOUAUST

IMPRIMEUR

DE LA LIBRAIRIE DES BIBLIOPHILES

RUE SAINT-HONORÉ, 338

A PARIS

PARIS RVE ST HONORÉ
OCCVPA PORTVM
TYPOGRAPHIE ARTISTIQVE
JOUAUST
ÉDITIONS DE BIBLIOPHILES
338

BIBLIOTHEQUE NATIONALE DE FRANCE
3 7502 015017793

www.ingramcontent.com/pod-product-compliance
Ingram Content Group UK Ltd.
Pitfield, Milton Keynes, MK11 3LW, UK
UKHW020827120726
13693UKWH00002B/516